日本語ライブラリー

ことばの借用

沖森卓也
阿久津智
［編著］

岡本佐智子
小林孝郎
中山惠利子
［著］

朝倉書店

編著者

沖森卓也（おきもりたくや）	立教大学文学部	(2.1節)
阿久津 智（あくつさとる）	拓殖大学外国語学部	(1章)

著　者

岡本佐智子（おかもとさちこ）	北海道文教大学外国語学部	(2.2〜2.4節)
小林孝郎（こばやしたかお）	拓殖大学外国語学部	(3章)
中山惠利子（なかやまえりこ）	阪南大学国際観光学部	(4章)

はじめに

　本書は，異なる言語が接触することによって起こる「ことばの借用」について，日本語と外国語とのかかわりを中心に概説したものです．ことばの借用とは，ある言語が他の言語から，語彙や音韻，文法的要素（特徴）などを取り入れることをいいます．語彙に関していえば，日本語の中には多くの外国語由来のことばが「外来語」や「漢語」として用いられています．また逆に，外国語の中に日本語由来のことばが用いられている例も少なくありません．借用は，言語間の交流ともいえますが，一方で，言語や文化の接触による，言語の発展（変容）上の一現象ととらえることもできます．本書では，こういった立場から，日本語が歴史的に，そして現代において外国語とどうかかわり，それによって日本語がどう変わってきたのかについてみていきます．

　本書の特徴は，いわゆる「外来語」の概説にとどまらず，日本語を中心に，広く「ことばの借用」に関することがらを扱っている点にあります．その主なものは，以下のとおりです．

1. 「ことばの借用」とはどのような現象で，それが言語にどのような影響をもたらすかなどについて述べる（第1章「借用」とその影響）．
2. 日本語における外来語について，和語や漢語と比べて特徴を述べるとともに，外来語受容の歴史を，世界情勢や日本の世相などと関連づけて概説する（第2章　日本語における外来語）．
3. 外国語，主に英語と中国語に取り入れられた日本語の語彙について概観する（第3章　外国語に借用された日本語）．
4. 現代日本語における外来語の占める位置や，外来語のもたらす問題について論じる（第4章　現代日本語における外来語）．

　本書が，外来語研究，言語文化史研究，さらには，異文化交流研究などに興味を持つ方に活用されることを願います．

　2015年1月

編　著　者

目　　次

第1章　「借用」とその影響 …………………………………………… 1
1.1　固有と借用　2
言語接触からみた借用　3／外来語と外国語　11
1.2　借用をめぐる諸相　21
借用語の位置　22／和製語　24／借用の諸相　27

第2章　日本語における外来語 ………………………………………… 33
2.1　語種としての外来語　34
漢語の特徴　34／外来語の特徴　36／外来語の変容　39
2.2　江戸時代までの外来語受容　44
ポルトガル語　44／スペイン語　46／オランダ語　46／英語　49
2.3　近代における外国語受容　50
近代国家の建設と英語　50／英語以外の言語に由来する外来語　55／戦時下の外来語言い換え　58
2.4　現代における外来語受容　60
英語化する社会　60／英語以外の言語の影響　70

第3章　外国語に借用された日本語 …………………………………… 74
3.1　日本語借用語の範囲　75
外行語・国際日本語　75／日本語借用語　77／日本語借用語の認定　77
3.2　英語と日本語借用語　78
英語における日本語借用語の歴史　78／英語辞書に収録された日本語借用語の語彙数　82／新世代の日本語借用語　83／日本語借用語の表記と翻訳借用　89／日本語借用語の品詞転成　91／日本語借用語の語形成　92／日本語借用語の意味の変容　93

3.3　中国語と日本語借用語　94
　　中国語語彙体系の借用語　95／中国語における借用語の類型　96／日本語借用語の歴史　97／日本語借用語の現状　99／中国語のなかの現代日本語　101
3.4　世界のなかの日本語　102
　　言語地理学の近況　103／言語景観研究とネット情報　104

第4章　現代日本語における外来語 …………………………………… 106

4.1　はじめに　106
　　定義　107／「外来語」か「外国語」か　107
4.2　意識調査にみる外来語　109
　　意識調査にみる外来語の「量の多さ」　110／意識調査にみる外来語の「意味の分かりにくさ」　111／意識調査にみる外来語の使用実態　112
4.3　実態調査にみる外来語の「量の多さ」　116
　　外来語はどのくらいあるのか　116／外来語は増加しているのか　121
4.4　言語政策にみる外来語の「意味の分かりにくさ」　126
　　二つの答申――国語審議会の変化　127／国立国語研究所「外来語」委員会　129／外来語言い換え提案の問題点と今後　133
4.5　言語体系における外来語問題　135
　　『九十種』における外来語の扱い　135／『九十種』の影響　136／『九十種』からの変化　139
4.6　これからの外来語　142

参　考　文　献 ……………………………………………………………… 145
索　　　　引 ……………………………………………………………… 153

1 「借用」とその影響

【ことばの「借用」とは】

「ことばの『借用』」というときの「借用」(borrowing；loan) とは，日常会話で使う，一般的な意味での「借用」(借りて使うこと) とは異なり，「(ある言語のなかに) 外来の要素を取り入れること」をいう．一般的な意味での「借用」が「使った後に返す」という意味を含むのに対して，「ことばの『借用』」の場合は，「自分のもの (その言語の一部) にする」という意味を含むことになる．つまり，「借用」は，その言語の変容にかかわる現象だといえる．

「借用」は，より専門的には，たとえば，次のように説明される．

> ある言語 (＝方言) の話し手が他の (諸) 言語 (＝方言) から，それまで自分の言語になかった要素 (語彙項目，意味，形態素，統語規則，音素など) を取り入れることを借用 (または借入) という．結果から見れば，借用は言語接触がもたらした言語変化である．1つの言語を構成する要素は，通時的には，借用された要素と，そうでない要素とに分けられるはずであるが，事実上は不可能なことが多い．
>
> (三省堂『言語学大辞典6 術語編』p.667「借用」より)

この説明にあるように，借用には，「借用された要素と，そうでない要素」とをどう判別するかという問題がある．これは，個々の要素の出自だけでなく，その言語の成立や変遷にもかかわる．たとえば，日本語の身体語彙，「くち (口)，て (手)，はな (鼻)，みみ (耳)，め (目)」などは，オーストロネシア系だとする語源説があるが[1]，仮にこの説が正しいとしても，このような基本的な語彙はその言語に最も古くからあるはずのものであり (こういった語彙の受容は，日本語成立以前のことと考えるべきであり)[2]，これを「借用された要素」と

はいいにくい．こういった「借用された要素」かどうかに関する問題については，1.1 節で取り上げる．

また，上の説明にあるように，借用される要素にはいろいろなもの（種類，レベル）がある．そのなかで，最もイメージしやすいのは，語彙（単語）の借用であろう．借用された語は「借用語」（loanword）と呼ばれる．現代日本語においては，「外来語」（いわゆる「カタカナ語」）が「借用語」の代表である[3]．借用の種類を含め，借用の諸相については，1.2 節で取り上げる．

1.1　固有と借用

【通時的な観点と共時的な観点】

「借用された（外来の）要素」か「そうでない（固有の）要素」かの問題については，主に二つの観点から考えることができる．一つは，言語の歴史的変遷から考える「通時的」（diachronic）な観点であり，もう一つは，特定の時期（主として現代）における状況から考える「共時的」（synchronic）な観点である．

通時的な観点からいえば，「借用された要素」とは，その言語の成立後にほかの言語から入ってきた要素ということになるが，共時的な観点からいえば，その言語の使用者に，理解・使用されていて，外来要素と意識されるような特徴を持つものと考えることもできるであろう．

---

1) 大野（1957：101），村山（1974：22），泉井（1975：216-217）などによる．なお，オーストロネシア語族（マライ・ポリネシア語族，南島語族などともいう）に属する主な言語（現代）には，インドネシア語，マレーシア語（マレー語），フィリピノ語（タガログ語），ジャワ語，フィジー語，ハワイ語，タヒチ語，サモア語などがある．
2)「口，手，鼻，耳，目」などの身体名称を含む「基礎語彙」（生活語彙）は，変化しにくい（借用されにくい）とされる．この考えをもとに，アメリカの言語学者・スワデシュ（M. Swadesh）は，同系統の複数の言語の「基礎語彙」を比べて，その異同の割合から，それらの言語がいつ分岐したかを探る「言語年代学」（glottochronology）を提唱した．
3)「借用語」と「外来語」とを別のものとして扱う場合もあるが（たとえば，『現代言語学辞典』の「foreign word《外来語》」の項には「外国語の音とアクセントをほぼそのままの形で取り入れたものを外来語といい，自国語の音韻体系に合うように変形して取り入れたものを借用語（LOAN WORD）という」とある），ここでは「借用語」を「外来語」を包括する概念として使う．

以下，本節では，通時的な観点を中心に，共時的な観点も取り入れて，この問題をみていく．1.1.1 項では，言語の成立や変遷から，1.1.2 項では，日本語化（同化）の程度（段階）から，借用について考える．

1.1.1　言語接触からみた借用
【系統樹モデル】

「借用された要素」と「固有の要素」との判別（認定）は，通時的には，言語の成立と変遷にかかわる．それは，その言語の成立にかかわった（その言語の原始的な体系の構成要素となった）ものが「固有の要素」であり，その後，取り入れられて，その言語の変容にかかわった要素が「借用された要素」だといえるからである．

ここで問題になるのは，何をもって「言語の成立」と考えるかである．

19 世紀のヨーロッパでは，同じ系統に属する複数の言語を比べて，その親族関係を明らかにしようとする研究（のちに「比較言語学」（comparative linguistics）と呼ばれる）が盛んになった．この研究では，ヨーロッパの諸言語は共通の祖先（祖語）が分化して発展したものだとする立場から，言語の分裂の過程を木の生長にたとえて，「系統樹」（family tree）に描くことが行われた．以下に，その最も古い例として，ドイツの言語学者・シュライヒャー（A. Schleicher）が 1853 年に発表した「インド・ゲルマン語」（インド・ヨーロッパ語族）の「言語系統樹」を挙げる（図 1.1）[4]．

このような「系統樹モデル」に基づいて考えれば，ある言語の成立は，その言語の枝が，その直接の祖先（中間祖語）である枝から分岐した時点ということになるだろう．そして，その言語に，枝分かれ以前からある要素が「固有の要素」，枝分かれ以後に取り入れられた要素が「借用された要素」ということになる．

このような系統樹モデルを日本語に当てはめることも試みられてきた．国語学者・時枝誠記は，これを「従来の国語史研究による国語の位置づけ」として，

---

[4]　三中（2006：108）の図による．同書 p.107-109 によれば，シュライヒャーは，比較文献学の方法（写本系図の構築法）を応用して，はじめて言語系統樹を作ったという．シュライヒャーは，その後，ダーウィンの進化論に基づいて，比較言語学の研究を進めている．

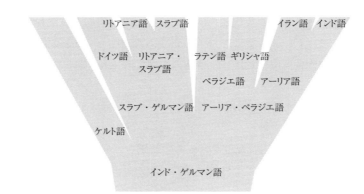

図 1.1 系統樹の例（シュライヒャーのもの）

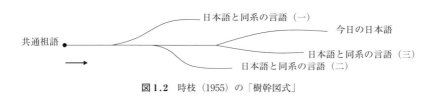

図 1.2 時枝（1955）の「樹幹図式」

次のような図（「樹幹図式」と呼んでいる）に表している（図 1.2）[5]．

　実際には，日本語について，このようなモデルを適用することは難しい．日本語と同系関係が証明されている言語は（「琉球語」（沖縄語）以外に）ないからである．日本語の成立に関しては，さまざまな議論があるが，定説といえるようなものはない．日本語は，言語のタイプとしては（類型論的には），語順は，アルタイ諸語（アジア北部・東部）などと同じであり，音韻は，オセアニアの諸言語などに近いという[6]．しかし，これが日本語の形成とどうかかわっているのかは，必ずしもはっきりしない（いずれにしても，日本語が複雑な過程を経て形成されたであろうことは推測される）．結局，日本語の系統を明らかにし，その成果から「固有の要素」か「借用された要素」かを考えるということは難しい．日本語については，系統樹とは別の見方（モデル）を探る必要がある．

---

[5] 時枝（1955：219）による．原著で縦であったものを横に改めた．
[6] 松本（2006：165-167）による．松本は，「これはまさに，日本語がこの地球上で占める地理的な位置を反映している」（p.167）としている．

【日本語の起源】

日本語の成立を，系統的に（ほかの言語との親族関係から）考えることはひとまずおき，日本語の歴史をさかのぼって，その行き着く先を「日本語の起源」と考えてみよう．

日本語は，文献資料（まとまったもの）としては，奈良時代（8世紀）にまでさかのぼることができる．この時代に，『古事記』『日本書紀』『風土記』『万葉集』などが成立している．

これ以前のものとしては，中国の文献にみられる「倭」に関する記事や，考古学的な文字資料（剣や鏡の銘文，木簡など）が，断片的に古い日本語（多くは地名や人名）を伝えている．前者には，最も有名なものとして，『三国志』（3世紀成立）の『魏書』「東夷伝」の記事（いわゆる「魏志倭人伝」）があり，後者には，最古のものとして，「稲荷山古墳出土鉄剣銘」（5世紀）がある．これらに現れた日本語は，音韻的には奈良時代の状況と大差がないという[7]．文献的に，さかのぼりうる最古の日本語は，せいぜいこのあたりまでである．

一方で，文献を離れていえば，「日本民族の成立した瞬間が，日本語の成立の瞬間である」として，「原日本語」が成立した時期を弥生時代とする説[8]のほか，さらにさかのぼって「日本語は縄文文化と共に始まった」とする説などもある[9]．

日本語の借用を考える立場からは，最古の文献に現れた日本語を「日本語の起源」としておくのが実際的であろう[10]．ここでは，この立場に立っておく．

【言語接触】

系統樹説（系統論）とは異なる立場による日本語の形成（変遷）モデルをみてみよう．たとえば，時枝（1955）は，先に挙げた「樹幹図式」（図 1.2）に対して，次のような図（「河川図式」と呼んでいる）を挙げている（図 1.3）[11]．

---

[7] 沖森（2003：22-23）による．
[8] 亀井ほか（1963）の説．引用部分は，同書 p.249.
[9] 小泉（1998），松本（2007）などの説．引用部分は，小泉（1998）p.267.
[10] 楳垣（1963）は，『『日本語は文献時代になって確立したものと認める』との仮定をもうけ」（p.32)，外来語研究を行っている．この仮定は，見方を変えていえば，「日本語文献（表記）の誕生こそ日本語の誕生である」ということにもなる（沖森（2003）などにこの考えがみられる）．

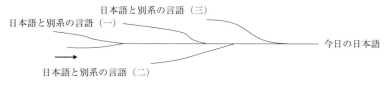

図1.3 時枝(1955)の「河川図式」

このようなモデルは，言語の形成を，ほかの言語（図1.3では「日本語と別系の言語」）との「接触」(language contact)によって考えようとするものである．

「言語接触」とは，異なる言語（方言）を話す人や社会が接触することによって，その言語（方言）に何らかの影響が生じる現象をいう．たとえば，言語Aが言語Bに接触した場合，単語レベルでは，言語Aに次のような状況が生じる（同一の意味を表す，言語Aの単語を「a」，言語Bの単語を「b」として述べる．なお，言語全体にかかわる言語変化については，後述する）[12]．

(1) 棲み分け：bを取り入れ，aとは少し異なる意味で使う．
(2) 取り替え：aを捨て，bを使う．
(3) 混交：aとbが組み合わさった，新しい形が生じる．
(4) 第三形式の導入：a・b以外の形を採用する．
(5) 維持：bを受け入れず，aを使い続ける．

これらはいずれも借用に関係する現象である．

【波紋説】

言語接触によって言語変化をとらえようとする考え方は，もともとヨーロッパにおいて，系統樹説を批判する「波紋説」(wave theory)として起こった．波紋説は，系統樹説が「一つの言語は等質である．一つの言語が分岐した場合，新たに発生した複数の言語は，それぞれ明確に区別される」とするのに対し，「一つの言語にもバリエーションがある．一つの言語が分岐した場合，新たに発生

---

11) 時枝(1955：219)による．原著で縦であったものを横に改めた．なお，「日本語と別系の言語」（一）（二）（三）については，「例えば，支那古代言語，同近代言語，ヨーロッパ諸語等をあてはめることが出来る」としている．
12) 真田(2006：105-106)による．

した複数の言語の境界はあいまいであり，それらは互いに影響を与え合う」と考える．これは，「ある地域（言語，方言）で発生した特徴（要素）が，徐々にほかの地域（言語，方言）に広まることによって，言語は変化する」，さらに，「互いに影響を与え合う地域は，一つの『言語圏』（後述）を形成していく」とする説である．

　波紋説の考え方は，日本では，柳田国男が『蝸牛考』（1927年発表）で提唱した「方言周圏論」によって知られている．柳田は，カタツムリの異名を調べ，その地理的分布から，カタツムリの異名は，中央（近畿）から全国各地へと波紋状に広がっていったと推定している（図1.4参照[13]．内側のものほど発生が新しく，外側のものほど発生が古いとする）．

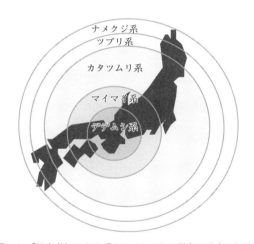

図1.4　『蝸牛考』による「カタツムリ」の異名の分布の概略図

　言語特徴（要素）の分布（とその解釈）には，ほかにもさまざまなタイプがあるが[14]，これは，その一つの類型を示すものである．

【言語接触による言語変化】
　言語接触は，言語の系統が同じかどうかにかかわらず，地理的に近接してい

---

13) 柳田（1980：224）の解説（柴田武による）の図，および木部ほか（2013：17）の図をもとに作成した．

る言語の間で起こる．言語接触は，言語特徴（要素）の伝播を引き起こすだけでなく，ときに一方の言語の消滅や新しい言語の形成をもたらすこともある．言語接触に伴う言語変化（の結果）は，いくつかのタイプに分けられる[15]．

(1) 二言語併用（bilingualism）：社会的に威信の高い言語（上層語）を，威信の低い言語（下層語，基層語）の話者が併用する．

(2) 言語の置き換え（取り替え，language replacement），または言語交替（language shift）：二言語併用を経て，下層語の話者が上層語のみを使うようになる．その結果，下層語は消滅するが，交替した言語には，その痕跡（影響）が残る．

(3) 言語連合（linguistic alliance），または言語圏（linguistic area）の形成：長期にわたる言語接触の結果，特定の地域において，共通の「地域特徴」（地域的類似性）を持つ言語グループが発生する[16]．

(4) 中間言語（interlanguage），または混成言語（mixed language）の発生：通商や交易などの便宜的手段として，簡素化された言語（「ピジン」（pidgin）と呼ばれる）が発生する．これが一つの言語として確立すると（母語話者を持つようになると），「クレオール」（creole）と呼ばれる．

借用については，上のような状況にまでは至っていない段階（文字どおりの「接触」の段階）で論じられることが多いが，日本語における漢字の使用は，上の (1)「二言語併用」や (3)「言語圏」にかかわるものととらえることもできる[17]．日本語（の歴史）における和文と漢文の併用は，「二言語併用」とみ

---

14) 木部ほか（2013：24）では，「方言分布のタイプ」として，「全国一律型，東西型，同心円型，交互型，南北対立型，複雑型」の六つを挙げている．「カタツムリ」の異名のような「周圏分布」は，「同心円型」に当たる．
15) 『言語学大辞典 6 術語編』p.268-269「基層」，p.436-437「言語接触」による．
16) 橋本（1978；1981）は，「地域特徴」は言語交替に起因する（その地域で話されていたもとの言語の名残りである）とするダイナミックな理論を展開している．また，ディクソン（2001）は，系統樹モデルにおける「祖語」は，「祖-言語圏」としてとらえなおすことができるとしている．
17) このほかに，日本語を「中国語圏に属する，中国語の植民地語であり，もともと中国語に属する漢語と，和語との二重言語である」（石川，1999：107）とする見方や，漢文の「訓読」に「ピジン・クレオール語」との共通性をみる論（高津，2008），「カタカナ外来語」や日本語化した漢語を「母語（日本語）の影響を受けた中間言語である」（陣内，2007：8）とする説などもある．

ることが可能であるし，漢字・漢語の使用（普及）は，日本を「漢字文化圏」の一員として位置づけている．「漢字文化圏」は，特に文字（漢字）や語彙（漢語）について共通性を有する「言語圏」とみることができる．

【漢字文化圏】

漢字文化圏とは，主に，歴史的に漢字を使用してきた，中国，朝鮮半島，ベトナム，日本などを指す．今日，一般的な表記に漢字を使用しているのは，中国語と日本語のみであるが，韓国語（朝鮮語）やベトナム語においても漢字由来の語彙が大量に使われている．この地域は，歴史的には，中国古典語（漢文）を文章語として共有する（地域の共通語として使用する）地域であった．

漢字使用の影響は現地語（韓国語（朝鮮語），ベトナム語，日本語）にも及び，各言語に大量の借用語（漢語）をもたらすとともに，それぞれ独自に漢字・漢語の使い方を発展させている．たとえば，それぞれの言語において，各言語の構造（語順）に合わせて，漢字を組み合わせた造語が行われている[18]．日本語独自のものとしては，漢字の「訓読み」がある．これは，その表す意味に合わせて，漢字を日本語（和語）で読んだものである．ほかの言語の場合は，漢字に，古代中国語音に由来する読み方（「音読み」に当たるもの）しかない．

漢字文化圏の言語には，相互の影響もみられる．たとえば，日本語における「万葉仮名」表記や漢文訓読には，朝鮮半島における漢字・漢文受容の影響が考えられるという[19]．また，主に明治時代に作られた多くの日本製の漢語（翻訳語，新漢語）は，中国語や韓国語（朝鮮語）にも取り入れられ，さらに，（中国語経由で）ベトナム語にまで流入している[20]．

---

[18] 金（2010：1-5）には，このような例として，日本語の「券売機」（中国語の語順なら「売券機」），韓国語の「보관요（保管要）」（中国語の語順なら「要保管」），ベトナム語の「viện bảo tàng（院宝蔵）」（中国語の語順なら「宝蔵院」．「博物館」の意）が挙げられている．

[19] 平川（2005），金（2010）などによる．

[20] 国立国語研究所（2005）所収のグァン・ティ・ビック・ハー「ベトナム語の借用語現状と導入方法」p.65 には，「元々日本からの借用語で，中国語を経てベトナム語の中に取り入れられた語」の例として，「cộng hòa（共和），dinh dưỡng（栄養），kinh tế（経済），tốc độ（速度），tổng lãnh sự（総領事）」が挙げられている．村上・今井（2010：27）によると，「ベトナム語における和製漢語の受容は 20 世紀初頭から本格的に始まったと考えられ」，これらは中国経由ではなく，「東遊運動などを通じて日本から直接ベトナムに伝播された可能性も強いのではないかと考えられる」という．

【日本語における借用モデル】

さて,言語接触から,日本語における借用を考えていこう.先に時枝(1955)の「河川図式」(図1.3)を挙げたが,日本語における「借用の略史」を,もう少し具体的に示したものとして,樺島(1981)の図を挙げる(図1.5)[21].

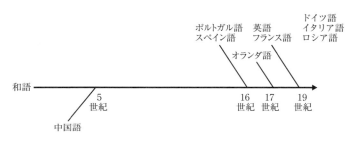

図1.5　樺島(1981)の「日本語に流入した外国語」

このようなモデルを考えた場合,借用について特に問題になることが多いのは,最も古い時代(左端)と最も新しい時代(右端)であろう.前者には,資料の少なさから,ある要素が「固有のもの」か「借用されたもの」か,判別が難しいという問題がある(これは,先に触れた「日本語の形成をどう考えるか」にもかかわる).後者には,現代日本語の談話や文章に現れた外来の要素が,日本語として「定着したもの」か「未定着のもの」(臨時に使ったもの)か,決めにくいものが多いという問題がある.

これらの問題を語彙に限っていえば,「固有のものか,借用されたものか」は「和語か非和語か」の問題,「定着したものか,未定着のものか」は「外来語か外国語か」の問題ということになる.以下,これらの語彙の問題についてみていく.

【和語か非和語か】

奈良時代以前の語彙として,固有の語(和語)かどうかが問題になるものには,たとえば,次のような語がある[22].

---

21)　樺島(1981:47)による.なお,樺島は,中国語について,「中国語からの借用は,初期の輸入以後もほぼ連続的に行われてきた」(p.46)と述べている.
22)　沖森(2010:91-93)による.

1.1 固有と借用

　(1) うま（馬），うめ（梅），かみ（紙），きぬ（絹），さが（性）
　(2) かさ（笠），かま（窯），なた（鉈），てら（寺），むら（村）

　上の（1）は中国語に，（2）は朝鮮語に由来する可能性が高いとされる．（1）の例は，それぞれ，「馬，梅，簡，絹，性」の字音に，（2）の例は，それぞれ，「갓（笠），가마（窯），낫（鎌），절（寺），마을（村）」（以上は現代韓国語の表記による）に由来すると考えられている．

　仮に上の説が（一部または全部）正しいとしても，これらは，相当古い時代（文献時代以前）に取り入れられたものである．その場合，先に述べた本書の「最古の文献に現れた日本語を『日本語の起源』としておく」という立場からいえば，これらは和語として扱うべきものということになる．

　「和語」（倭語）は，「漢語」に対する概念を表す語として，使われてきた[23]．「和語」のなかには，歴史的には（通時的な観点からは），外来の要素であっても，それぞれの時代における言語を使う者の意識としては（共時的な観点からは），固有の要素と認められるというものも含まれると考えるべきであろう（逆にいえば，漢語とは，共時的には，「漢語と意識されるもの」ということになる[24]）．

　「外来語か外国語か」については，日本語化の程度にかかわる問題として，項を改めて述べる．

1.1.2 外来語と外国語
【国語化の程度】

　「外来語か外国語か」の問題は，「国語化[25]（の程度）」という言い方で議論されることが多い．「国語化の程度」とは，「その語が日本語としてどれだけなじんでいるか」ということであるが，この用語を使っていえば，「国語化」し

---

23) 沖森（2010）によれば，和語とは，「固有かどうかではなく，単に漢語と区別する概念にすぎず，字音語とは判断できない語を古い時代から漠然と指してきた」（p.93）ものであるという．
24) 濱田（1984：312-313）は，「共時論的語彙範疇として」の漢語の条件として，漢字表記（漢字との結びつき），漢語的（固い）音相，「耳遠さ」を挙げている．
25) 荒川（1943）によれば，「国語化」とは，「国語の語彙体系のなかへとりいれられること」（p.2）である．荒川は，「国語化の標準」を，「遍用性（カレンシー）」と「普及性（ポピュラリティー）」，すなわち，「社会でひろくさかんにもちいられることである」（p.7）としている．

た（元）外国語が「外来語」であり，「国語化」していないものが，（たとえ，日本語の文脈で使われていても）「外国語」ということになる．

実際には，この「国語化の程度」は千差万別であり，それをどのような方法で測るかという問題もある．ここでは，「国語化（の程度）」の段階とその基準について，「言語形式」の面と，「言語使用」の面から考えていく（なお，以下，「国語化」を「日本語化」と呼ぶことにする）．

ここでいう「言語形式」とは「発音（語形），表記，意味，文法形態」などのことで，これらがどれだけ日本語的になっているかが一つの基準になる．一方，「言語使用」というのは，ここでは，「見聞きする，理解する，使う」ということで，日本語話者がどれだけその語を「見聞きしているか，理解しているか，使っているか」が一つの基準になる．

【山田孝雄の外来語の分類】

日本語化（の程度）の段階とその基準について，まず，言語形式の面から考えていく．ここでは，外来語の分類をみていく．

外来語の分類で代表的なのは，国語学者・山田孝雄の分類であろう．山田 (1940) は，（「外国語」や「漢語」も含む広義の）「外来語」を，「国語にとり入れらるる深さの程度即ちその国語の法格との調和の度合」によって，(1) 純なる外国語，(2) 狭義の外来語，(3) 借用語，(4) 帰化語，の四つに分類している（この順に，日本語化の程度が高くなるとする）[26]．

(1) 純なる外国語：発音も意義もすべて外国語の姿のままに用ゐらるるものにして，近来雑誌などに漢字平仮名文のうちにカタカナにて書かれてあるものの如きこれなり．（例は挙げられていない）

(2) 狭義の外来語：外国より来たる語たることを認めながら，しかも盛んに国語の中に用ゐらるるものなるが，その発音又は形態などが或る点に於いて国語的になれるものなり．（例：インキ，テーブル，ピストル，ページ，サラダ，ズボン，チョッキ，ステーション）

(3) 借用語：純なる国語と異なることなく国民の日常用語となりはてたるものにして，外国語たる特色を失ひて，全く固有語と異なることなき取扱

---

26) 山田 (1940：12-14) による．

をうけ,国民の感じも固有語と異なることなきものなり(今,漢語はこの程度に達せる).(例:たばこ,きせる,めりやす,かつぱ,ぼたん,かなりや,えにしだ,かすてら)
(4) 帰化語:国語に同化せる程度甚だ深くして外国語たる特色を失ひて全く国語と異なることなく世代を経るにしたがひて固有語と同一に取扱はれ,国語として後代に伝へらるるに至るものなり.(例:運動す,タッチする,ローマナイズする,力む,太平なり,永久に,漠然と,元来)

このうち,日本語化の程度の最も高い(4)の「帰化語」は,「単純なる体言の取扱を受くるに止まらずして,或は国語にての用言,副詞としても用ゐらるるに至り,或は国語の造語法の活動に支配せらるるに至」(p.15)った(用言,副詞,その他の造語成分などとして働くようになった)ものをいう.「帰化語」の例のなかに「国語に同化せる程度甚だ深」いとは思われない「タッチする,ローマナイズする」があるのは,この基準に(機械的に)従ったためであろう.

山田(1940)の分類は,もともと,日本語における「外来語としての漢語の地位」を考察するためのものであるが,漢語以外の「外来語」についても,本来漢語において日本語化の程度の基準とすべきもの(漢語以外の「外来語」においては,必ずしも基準とはならないもの)を当てはめてしまっているところに問題があるようである[27].

そこで,逆に,山田の分類を「漢語」を基準に(日本語化の程度が漢語と同レベルかどうかで二分して),整理しなおしてみよう(図1.6).

図1.6 山田(1940)の「外来語」の分類(「漢語」基準に修正)

---

[27] 石野(1983)は,山田の「帰化語」について,「どう見ても『純なる外国語』としか思われないものが,動詞や形容詞として使われている例は枚挙にいとまがない」(p.29)と述べ,その「矛盾」を指摘している.

「日本語化の程度」の基準に「漢語レベル」を持ち出すのは,「外来語としての漢語の地位」を考えるのには不適当かもしれないが（そもそも,「漢語レベル」とは何かがあいまいであるが）この基準によって,「タッチする,ローマナイズする」などが「帰化語」から除かれ,それぞれの位置づけがより明確になるであろう.

ここで,「外来語か外国語か」に戻っていえば,山田の分類では,(1)「純なる外国語」と (2)「狭義の外来語」との間がその境界となる.この両者を区別する基準は,発音（語形）や意味が「外国語の姿のまま」（原語的）か,「国語的になれる」（日本語的）かである.

これにかかわる例を挙げると,駅の乗降場を「プラットフォーム」と言えば（書けば）,原語の「platform」をほぼそのまま写していて,原語的であるが,「ホーム」と言えば（書けば）,語形が短くなり,日本語的である.また,前者では,原綴りの「fo」に当たる部分が「フォ」になっているが,後者では,「ホ」になり,「home」に由来する「ホーム」と区別がつかなくなっている（「同音衝突」を起こしている）.この例を山田の分類に当てはめれば,「プラットフォーム」は「純なる外国語」,「ホーム」は「狭義の外来語」となるであろう.

【「外来語の表記」における外来語の分類】

次に,今日の外来語表記の公的な基準である「外来語の表記」(1991年内閣告示・訓令）における外来語の分類（国語審議会の「外来語の表記（答申）」の「前文」に示されているもの）を挙げる.これは,「外来語や外国の地名・人名を片仮名で書き表す場合」(「本文」の「留意事項その1」) のもので,漢語は対象になっていない[28].

(1) 国語に取り入れた時代が古く,国語に融合しきっていて,外国語に由来する感じが余り残っていないもの.例えば,「たばこ,煙草」「てんぷら,天麩羅」「じゅばん,襦袢」など.この類は,平仮名や漢字で書かれることも多く,語形についても,書き表し方についても,十分に国語化している.

---

[28]「外来語の表記（答申）」の「前文」に,「外国語から国語に取り入れた語を外来語と言う.漢語の多くは古く中国語から取り入れたものであるが,慣用として外来語の中には含めない」とある.

(2) 既に国語として熟しているが，なお外国語に由来するという感じが残っているもの．例えば，「ラジオ」「ナイフ」「スタート」など．この類は，語形のゆれが比較的少なく，比較的よく国語化した語形に基づいて，片仮名で書き表す．
(3) 外国語の感じが多分に残っているもの．例えば，「ジレンマ」「フィクション」「エトランゼ」など．この類は，語形にゆれがあるものが多く見られる．外国語の原形に対する顧慮から語形を正そうとする力が働きやすく，「ジレンマ」に対して「ディレンマ」，「エトランゼ」に対して「エトランジェ」のようなゆれが生じる．現代の和語や漢語にない音が用いられることもある．

この分類を山田（1940）の分類に照らし合わせると，(1) は山田の「借用語」，(2) は山田の「狭義の外来語」，(3) は山田の「狭義の外来語」あるいは「純なる外国語」に相当するであろう（表1.1）．

表1.1 「外来語」の分類の対照

山田（1940）	「外来語の表記」の例
純なる外国語	（外国語）
	(3)「ジレンマ（ディレンマ）」「フィクション」「エトランゼ（エトランジェ）」
狭義の外来語	(2)「ラジオ」「ナイフ」「スタート」
借用語	(1)「たばこ（煙草）」「てんぷら（天麩羅）」「じゅばん（襦袢）」

山田の「帰化語」は除いた．

【英語における「本来語化」の段階】

山田（1940）の「狭義の外来語」と「借用語」に当たる区別は，日本語以外の諸言語にもある[29]．ここでは，英語のものを取り上げる．以下は，早川（2006）の「日本語が英語の語彙体系に組み込まれる過程」（本来語化（同化））の4段階である[30]．

---

29) 2004年3月に行われた「第11回国立国語研究所国際シンポジウム 世界の〈外来語〉の諸相」では，英訳として，主に，「(狭義の) 外来語」に「foreign words」，「借用語」に「loanwords」が使われている（国立国語研究所（2005：130）参照）．
30) 早川（2006：180-186）による．

(1) 第Ⅰ段階（ほぼ原語のままの段階）：アルファベットで表記され英語文献において用いられるが，日本文の引用や日本語語彙の列挙の形で現れる．
(2) 第Ⅱ段階（外来語（foreign word）の段階）：日本語から来たばかりの語彙で，英語への同化があまり進んでいない（一般の英語辞書ではイタリック体で表記される）．
(3) 第Ⅲ段階（借用語（loanword）の段階）：日本語から借りて来た語彙で同化がかなり進み英米人の言語生活において日常的に用いられる．
(4) 第Ⅳ段階（本来語（native word）の段階）：語源は日本語語彙であるが，英米人にもその意識がなく英語語彙として用いられたり，日本文化を表す語として日常的に用いられる．

上の4段階は，山田（1940）の4分類に近い（ただし，これは「日本語が英語の語彙体系に組み込まれる過程」を示したものであり，対象になる語の数はそれほど多くない[31]）．

早川（2006）によれば，本来語化は，①英語の音韻体系に合わせた表記，②意味変化，③英語の文法体系に合わせた用法，④英語の単語や接辞との合成（造語），などが生じることによって実現されるという．しかし，この①〜④が，上の第Ⅰ段階〜第Ⅳ段階のどの段階に対応するかについては述べられていない[32]．

言語によっては，本来語化の段階が比較的明確な場合もある．語形の制約の多い言語では，借用語を取り入れるにあたって，音韻や表記，文法などに関するさまざまな規則に従う必要が出てくるため，「外来語の段階」と「借用語の段階」との境界が比較的はっきりするようである[33]．ただし，このような言語

---

31) 早川（2006：170）によれば，1988年出版の『外来語辞典』では，6500の借用語のうち，日本語起源のものは約85語であるという．
32) 早川（2006）は，「ここに示した段階」について，「その基準は英語学的に解明されていない」（p.181）とする．
33) 国立国語研究所（2005）所収のグザルン・クバラン「現代アイスランド語における借用語と外来語との相違」に，現代アイスランド語における「借用語と外来語との相違」が報告されている．ここには，「借用語」（loanword）が満たすべき「評価基準」として，アクセント（accent），音韻規則（phonological rules），音素配列規則（phonotactic rules），語形変化表（declensional paradigm），正書法（spelling）の五つが挙げられている．

では，制約が多いぶん借用語の受容が難しいということもあるようである．

なお，本書では，これらとは異なり，「借用語」を，同化の程度にかかわらず，広く他言語から取り入れた語（ほぼ山田（1940）の（広義の）「外来語」に相当）の意味で使っている．

【定着度】

ここで，日本語化（の程度）の段階とその基準について，言語使用の面から考えていく．言語使用においては，どれだけその語を「見聞きしているか，理解しているか，使っているか」が日本語化の指標となる．これは，国立国語研究所の外来語に関する一連の調査・研究で「定着度」と呼んでいる概念（用語）に当たる．

「定着度」とは，「認知，理解，使用の程度が，国民のどれだけの範囲に広がっているか」を表す概念である．「広い範囲の国民に認知され，理解され，使用されている外来語」ほど「定着度が高い」ということになる[34]．

国立国語研究所の実際の調査（2002～04 年実施の「外来語定着度調査」）では，定着度を測る指標として，次の三つが使われている．

　認知率：その語を「見聞きしたことがある」と答えた人の比率
　理解率：その語の「意味が分かる」と答えた人の比率
　使用率：その語を「使ったことがある」と答えた人の比率

国立国語研究所では，この調査結果を参考に，「『外来語』言い換え提案」の研究を行っているが[35]，そのベースになっているのは，国語審議会（2000）の「国際社会に対応する日本語の在り方」（答申）の「広く国民一般を対象とする官公庁や報道機関等における外来語・外国語の取扱いについての考え方」（表）である．このなかでは，「外来語・外国語」を「定着度」から三つに分類し，それぞれに応じた「取扱い」を示している[36]．

---

34) 国立国語研究所（2007）による．
35) 「『外来語』言い換え提案」は，国立国語研究所「外来語」委員会が，「公共性の高い場で使われている分かりにくい『外来語』」について，「言葉遣いの工夫」を「提案」したものである．このなかでは，「外来語定着度調査」の「理解率」を「理解度」として表示し，主な指標として使っている（国立国語研究所「外来語」委員会編，2006）．詳しくは，4.1.2 項参照．
36) 詳しくは，4.4.1 項参照．

(1) 広く一般的に使われ，国民の間に定着しているとみなせる語 → そのまま使用する（例：ストレス，スポーツ，PTA）
(2) 一般への定着が十分でなく，日本語に言い換えた方が分かりやすくなる語 → 言い換える（例：アカウンタビリティー，イノベーション）
(3) 一般への定着が十分でなく，分かりやすい言い換え語がない語 → 必要に応じて，注釈を付すなど，分かりやすくなるよう工夫する（例：アイデンティティー，アプリケーション）

「認知率，理解率，使用率」は，この分類の根拠となる「定着度」を客観的に示すデータといえる．一方で，定着度は，年々変化する．たとえば，「モチベーション」などは，国立国語研究所および文化庁による経年調査の結果によると，短期間に定着度が急上昇している[37]．

日本語話者の意識という点からいえば，「定着度」とは別に，たとえば，「『日本語化』認定率」（その語を「日本語になっている」と答えた人の比率）という指標を設けることなども考えられる．石野（1983）の調査によれば，「日本語になっているか」どうかの判断のよりどころは，「認知，理解，使用」にかかわるものだけではないようである．有識者には，「外来語としての歴史」（古くからの外来語か，ごく新しい外来語か）を重視する傾向がみられたという[38]．ここには，山田（1940）や「外来語の表記」の分類基準に近い意識がみられる．

【外来語の典型】

これまでみてきたように，現代語における「外来語か外国語か」の判別には，言語形式（語形（発音），表記，意味，文法形態など）の日本語化の程度や，「定着度」（認知，理解，使用の程度）などに基準を求めることができる．しかし，そこには，あいまいな部分や流動的な部分がある．

ここで，通時的にみて，由来がはっきりしていて，語形や表記，意味が安定

---

37) 相澤（2010）による．同書 p.13 によると，2002 年から 2009 年にかけて，「モチベーション」の定着度は，認知率で 53.2％から 80.2％に，理解率で 31.7％から 59.8％に，使用率で 21.5％から 46.4％に，それぞれ上がっている．
38) 石野（1983：214-215）の調査結果によると，「『日本語になっているか』どうかの判断のよりどころ」（選択肢法，複数回答）として，有識者は，「使用頻度」（62％），「外来語としての歴史」（約 30％），「言いかえの有無」（20％強），「意味の分かりやすさ」（20％強）を選んでいる．

しており，かつ外国語由来の感じを残しているものを，「典型的」な外来語と考えてみよう．これには，山田（1940）の（2）「狭義の外来語」，「外来語の表記」の（2）「既に国語として熟しているが，なお外国語に由来するという感じが残っているもの」，国語審議会（2000）の（1）「広く一般的に使われ，国民の間に定着しているとみなせる語」などが相当するであろう．これは，主に，近代（明治期）以降に伝わり，今日も使われている語のうち，ごく最近になって見聞きされるようになったものを除いたものということになるであろう．

通時的にみた外来語の位置づけを図に示す（図 1.7．塗りつぶし部分は，「典型的」な外来語を表す）[39]．

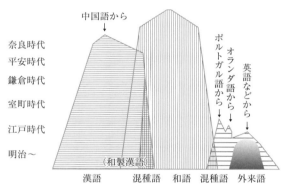

図 1.7　通時的にみた外来語の位置づけ

この通時的にみた場合の「典型的」な外来語は，共時的な（現代日本語話者の持つ）意識としての「外来語」とは必ずしも一致しないであろう．多くの外来語辞典（カタカナ語辞典）の存在や文化庁の世論調査の結果[40]などから考えると，一般には，どちらかというと，「外来語（カタカナ語）＝日本語として

---

39)　金水・安部（2009：207）の図（執筆者は，前田富祺）をもとに作成した．
40)　2012年度に文化庁が行った「国語に関する世論調査」では，「外来語や外国語などのカタカナ語」について，「カタカナ語の使用が多いと感じることがある」と答えた人が74.6％，「カタカナ語の意味が分からずに困ることがある」と答えた人が78.5％であった（文化庁のホームページによる）．詳しくは，4.2.1項および4.2.2項参照．

定着しきっていない語」というイメージがあるように思われる．

【借用語のイメージ】

　ここで，(狭義の) 外来語を含め，借用語の受容を促進する (あるいは，しない) 要因について触れておく．これには，受け入れ側の言語の性質のほかに，歴史的・文化的な事情や，言語使用者の意識・態度などがあるだろう．自分たちより優位な立場にある人々 (征服者や支配者，高い文化を持つ者など) の使う言語に接した場合には，その影響を被りやすいであろうし，また，ほかの言語 (特に優勢な言語) からの借用に抵抗が少なく，むしろ憧れや威信を感じるといった人々の言語には，借用語が入りやすいであろう．

　日本語における外来語の受容に関しては，外来語の持つ「外国語らしさ」というイメージが有利に働いているようである．国語審議会 (2000) の答申では，「外来語・外国語」に，次のような機能を認めている．

(1) それまで日本になかった事物や新概念を表す
　　例：ラジオ，キムチ，アンコール
(2) 専門用語として取り入れる
　　例：オゾン，インフレーション
(3) その語に伴うイメージを活用する
　　例：「職業婦人」を「キャリアウーマン」と言い換えて新しいイメージを出す

　外来語は，いわば高級感，文化的なイメージを持つことによって受け入れられてきている．しかし，一方で，その急速な増加や過剰な使用が，社会的なコミュニケーションの障害ともなっている．

　これと同様のことは，歴史的には，漢語についてもみられる．鎌倉時代以降，漢語語彙の日常語化 (口頭語化) が進み，和製漢語も多く作られ，日本語独特の漢語の用法なども現れてきた．こうしたなか，過剰な漢語 (めかした表現) の使用もみられたようである．たとえば，戦国時代末期から江戸時代にかけての時代風潮を伝える笑話集である『醒睡笑』(1623 年成立．安楽庵策伝作) には，漢語風の物言いをありがたがる人々のようすや，それが意思疎通の障害になっているさま，さらに，それを批判的にみる作者の態度などが，多く描かれている[41]．こうした漢語尊重や漢語普及の背景には，漢語の持つイメージが関係し

ていると思われる.

1.2 借用をめぐる諸相

【語種】

ここでは,借用をめぐる諸相について,現代語の語彙を中心に,主に共時的な観点からみていく.まず,これまで使ってきた用語を整理しておく(図1.8).

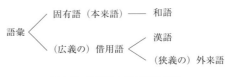

図 1.8 固有語と借用語の分類

語彙(単語)は,その出自(いつどこから来たか)から,「固有語」(本来語)と「(広義の)借用語」とに分けられる.日本語においては,固有語は「和語」であり,借用語は,さらに,古代中国語に由来する「漢語」と,漢語を除いた借用語である(主にヨーロッパ語に由来する)「(狭義の)外来語」とに分けられる[42].この「和語,漢語,外来語」の区別は,「語種」と呼ばれる.語種には,このほかに,異なる語種の要素を組み合わせて作られた「混種語」がある.

このうち,外来語は,「カタカナ語」と呼ばれることが多い.たとえば,外来語辞典類の書名は,今日では,大半が「カタカナ語」になっている.この用語が好んで使われるのは,この言い方が「カタカナで表記される語」という外見的な特徴を示していて分かりやすいということのほかに,厳密にいうと「外

---

41) 『醒睡笑』(広本)には,たとえば,「塩打大豆」(塩打豆),「馬足不立」(馬の通ひも御座ない),「田水見行」(田の水を見に行く),「新魚無なり」(あたらしい魚がおりない)などといった奇妙な言い方が取り上げられている(( )内は,本文にある言い換え.鈴木棠三校注の岩波文庫版『醒睡笑』「巻之三 文字知り顔」による).
42) ここでいう「(広義の)借用語」を「(広義の)外来語」と呼ぶ場合もある.たとえば,石綿(2001)の「外来語」は,「東洋外来語」(漢語など)と「西洋外来語」(カタカナ語)とを含む.

来語」かどうかが怪しいもの（外国語や「和製外来語」など）まで含めて使えるという便利さを持つからであろう．

以下，本節では，まず 1.2.1 項で借用語（漢語＋外来語）が日本語の語彙体系でどのような位置を占めるかについて概観し，続く 1.2.2 項で漢語や外来語における「和製語」の問題について触れ，1.2.3 項で，日本語以外の諸言語からも例を挙げて，借用の諸相についてみていく．

1.2.1　借用語の位置

まず現代日本語において，借用語がどのような位置を占めるか（どの程度使われているか）を，統計データでみてみよう（図 1.9）[43]．

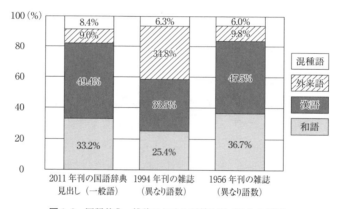

図 1.9　国語辞典・雑誌における語種比率（異なり語数）

これをみると，固有語（和語）よりも，借用語（漢語＋外来語）のほうが，使われている語の種類（異なり語数）がずっと多いことが分かる．また，1956 年刊の雑誌と 1994 年刊の雑誌との比較から，外来語の使用が飛躍的に増えてきているようすがうかがえる[44]．ただし，これらの比率は，同じ語が何回出てきても 1 と数える「異なり語数」（語の種類）によるものであり，語による使用頻度の違いは考慮されていない．同じ語が繰り返し出てきたときにそのつど

---

[43]　小学館『新選国語辞典　第九版』（2011 年刊）裏見返し，国立国語研究所の調査（田中，2006：38）による．詳しくは，4.3 節参照．

数える「延べ語数」でみた場合には,和語の比率がもっと高くなる (図1.10)[45].

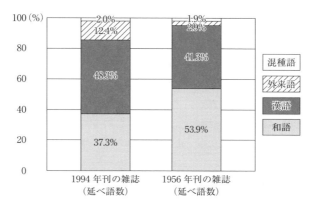

図1.10 雑誌における語種比率(延べ語数)

また,同じ書き言葉でも,雑誌よりも新聞のほうが和語の比率が高く,話し言葉ではさらに高くなる[46](延べ語数でみた場合に和語の比率が高いのは,和語に,使用頻度が高く,使用領域が広い基本的な語が多いためである).

しかし,いずれにしても,語の種類(異なり語数)の多さからみて,現代日本語における,借用語の役割は非常に大きいといえよう.

日本語は,諸言語のなかでも比較的借用語が多い言語だといわれるが,語彙に占める固有語と借用語との比率は,言語によって異なる.たとえば,英語は,借用語の多い言語として有名であり[47],韓国語も借用語(特に漢語)が多い[48].逆に,フランス語や中国語は借用語の少ない言語だとされる[49].借用語の受容

---

44) 1994年刊の雑誌で外来語の比率が高いのは,特定分野の雑誌(趣味やファッションなどの雑誌)での外来語の多さが全体の比率を押し上げているためだという(田中(2006:44)による).
45) 国立国語研究所の調査(田中(2006:38),林監修(1982:62))による.
46) 国立国語研究所の調査では,2003年発行の新聞(延べ語数)における和語の比率は61.5%,1980年調査の話し言葉(延べ語数)における和語の比率は71.8%である(田中(2006:43),林監修(1982:65)による).詳しくは,4.3.1項参照.
47) 田中(2002:41-42)によると,英語の語彙における「本来語」(固有語)の比率は35〜14%である(統計の取り方によって変わる).ただし,これは異なり語数によるものであり,延べ語数では「本来語」の割合が高くなる.

に関しては，言語（体系）的に受け入れやすい言語とそうでない言語とがあるといわれる．たとえば，表音文字を使っていない言語（中国語）や，安定した正書法を持つ言語（フランス語など）[50]，語形変化が複雑な言語（アイスランド語など）[51] などは，借用語を受け入れにくいようである．これに対し，日本語の場合は，表記面では，外来語専用ともいうべき表音文字（カタカナ）を持ち（かつ，その運用は緩やかであり[52]），文法面では，借用した語形に文法的機能を担う要素（動詞的用法なら「する」，形容詞的用法（連体修飾）なら「な」など）を付加すればよい（借用した語形そのものを，変化させる必要がない），という簡便さを持つことなどが，借用語の取り入れを容易にしている．

1.2.2 和 製 語
【和製語の分類】

さて，語の出自に関しては，「和製語」をどうとらえるかという問題がある．現代日本語の漢語や外来語には，多くの「和製語」（和製漢語・和製外来語）が含まれる．これらは，「和製」であっても，一般に，漢語や外来語として扱われる．一方，異なる語種の要素によって構成される混種語は，（これも「和製」であるが）和語・漢語・外来語とは別扱いにされる．これらの（広義の）「和製語」を，その構成要素や形成の仕方によって，分類してみる（図1.11）．

これらは，必ずしも，現代日本語の話し手が「和製」と意識しているものではないだろう．しかし，なかには，いかにも日本で省略して作ったと思えるような語形のもの（たとえば，アニメ，パソコン，エンスト，就活など）や，日

---

48) 国立国語研究所（2005）所収の南基心「韓国語の最近の新語における外来語」p.31 によると，『標準国語大辞典』（1999年刊）の「主見出し語」における語種比率は，「固有語」25.2％，「漢語」57.3％，「外来語」5.4％である．
49) 国立国語研究所（1984：106），石綿（2001：100）などによる．
50) 国立国語研究所（1984：108-109），国立国語研究所（2005）所収の徐一平「外来語の諸問題」，石綿（2001）などによる．石綿は，フランス語における英語語彙の流入について，「英仏が同じ文字を使っているため，英語のつづりとフランス語のつづりがぶつかって，フランス語じしんの正書法の習慣を根底からゆるがしている」（p.101）と述べている．
51) 本章の注33参照．
52) 「外来語の表記」（1991年内閣告示・訓令）では，「語形やその書き表し方」の「ゆれ」を容認している．たとえば，「クァルテット／クアルテット／カルテット」「テューバ／チューバ」など．

1.2 借用をめぐる諸相

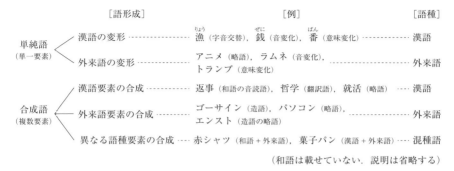

図1.11 和製語の分類

本で合成したことが明らかなもの（たとえば，赤シャツ，菓子パンなど）もある．

　一方で，外国語の知識がなければ，和製語ということが分からないもの（たとえば，トランプ，ゴーサインなど）もある．つまり，和製語には，「和製と意識されにくいもの」と「和製と意識されやすいもの」とがあることになる[53]．和製であると意識されやすいという点からいえば，和製語の代表（典型）は，略語と混種語といえるかもしれない．

　略語は，「携帯（← 携帯電話），校長（← 学校長），警官（← 警察官），各停（← 各駅停車）」（漢語），「スーパー（← スーパーマーケット），バイト（← アルバイト），パトカー（← パトロールカー），セクハラ（← セクシュアルハラスメント）」（外来語）などのように，漢語・外来語ともに，合成語に多くみられ，その構成要素の全部（特に，後部要素），または一部（特に，各要素の後半部分）が省略されている（下線部が省略された部分）．

　ほかに，漢語と外来語とで，語形成が同じになるものに，用言（サ変複合動詞・形容動詞）がある．これは，「調査する，特殊な，明瞭に，確実だ」（漢語），「ヒットする，ユニークな，クリアに，ベストだ」（外来語）などのように，漢

---

53) 陣内（2007：40）は，語形（原語にある/原語にない）と，意識（外国語/日本語）との両面から，外来語を分類している．そこには，「日本独自の表現と気づかれていないもの」の例として，「スピードダウン，プライスダウン」などが，「日本語でしか通用しないと自覚されている和製の外来語」の例として，「フリーター，ツアコン」などが挙げられている．

語や外来語の語基（語幹になる部分）に，「する」や「な，に，だ」などを付けて，作られる[54]．これらは，厳密には混種語といえるが，辞書の見出しや語彙調査の単位[55]などでは，「する」などを除いた形を用いていて，混種語としては扱われていない（つまり，これらは，一般には，和製語としては扱われない）．

一方，和製外来語（いわゆる「和製英語」）のみにみられる現象として，原語の文法的要素の脱落がある．たとえば，「レディーファースト（← ladies first），マクドナルド（← McDonald's），プレスハム（← pressed ham），スケートリンク（← skating rink）」（屈折語尾の脱落），「グラスワイン（← glass of wine）」（前置詞の脱落），「アップダウン（← up and down）」（その他の機能語の脱落）などがある（下線部が脱落した部分）[56]．

【翻訳語】

和製語には，ヨーロッパ語からの「翻訳語」（訳語）も含まれる[57]．広義の翻訳語には，さまざまな語形成のものがあり，このなかには，「音訳」の語として，外来語（カタカナ語）も含まれる．その主なものを図1.12に示す．

細かくいうと，意訳には，在来語に限定を表す要素を加えたもの（例：洋梨）なども含まれ[58]，音訳には，カタカナ表記の部分に意味を補う要素を加えたもの（例：ボール紙）や，意味を持たせて漢字表記にしたもの（例：型録（カタログ））なども含まれる．

図1.12のうち，一般に「翻訳語」（狭義の翻訳語，翻訳借用の語）とされるのは，主に漢語のものである[59]．この（狭義の）翻訳語には，（和製ではなく）中国で作られたものが日本に入ってきたケースもあり，逆に，日本で作られたもの（和製漢語）が中国（および，ほかの漢字文化圏の国や地域）に入ったケ

---

54) ごく少数であるが，「駄弁（だべ）る，牛耳（ぎゅうじ）る，サボる，ハモる」のように，「る」を付けて，動詞化したものもある．また，「四角い」のように，形容詞化したものもある．
55) 語彙調査の単位には，種々のものがあるが，国立国語研究所の大規模調査（現代雑誌90誌の調査など）では，辞書の見出し語に近い単位（β単位）が使われている（林（1982：582-583）による）．
56) 例は，『和製英語事典』などによる．その他の外来語の変容については，2.1.3項参照．
57) 古くは，漢語からの翻訳語（訓読による和語）も作られているが，ここでは触れない（漢語からのものについては，山田（1934；1940）などを参照）．
58) 楳垣（1963：189）では，このようなものを「代用語」と呼んでいる．

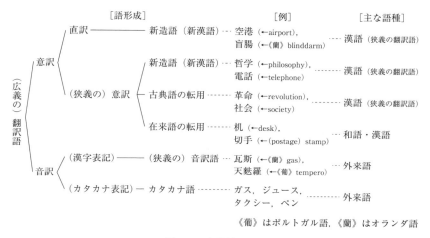

図1.12 翻訳語の分類

ースもある．たとえば，前者には，「電報，鉄道，銀行，保険，権利，工業，化学」などがあり，後者には，「電話，哲学，美術，主観，止揚，人格」などがある[60]．「漢語の造語成分」（漢字語素，字音語素）としての漢字は，豊かな造語力を持ち，その造語力を利用して，多くの和製漢語が作られている．

1.2.3 借用の諸相
【借用の種類・要素】

これまで，ことばの借用に関して，日本語の語彙を中心にみてきたが，ここで，語彙以外のものも含めて，借用の種類や要素を分類して，まとめておく（図1.13）．

---

59) （狭義の）翻訳語は，ふつう外来語としては扱われない．これは，中国語においても同様のようである．たとえば，『漢語外来詞詞典』では，音訳の語（音訳詞（loan words））と「音訳＋意訳」の語（混合詞（hybrid words））とを取り上げ，意訳の語を収録していない．
60) 沖森ほか（2011：114）による（執筆は，陳力衛）．近年，この方面の研究が進み，かつて和製とされていたものが，中国における訳語であったことなどが明らかにされてきている．

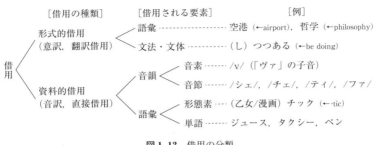

図 1.13 借用の分類

図1.13では，図1.12に合わせて，借用を，まず意訳のもの（形式的借用）と音訳のもの（資料的借用）とに分け[61]，それをさらに，借用される要素別に分けた（図1.12の「翻訳語」は，図1.13の「語彙」に含まれる）[62]．

以下，まず「資料的借用」を，次に「形式的借用」を取り上げる．最後に，借用に対する言語使用者の態度，および政策について，触れる．いずれも，例は，日本語のほかに，諸外国語からも挙げる．

【資料的借用における語形の変化】

借用された要素には，原語からみて，その語形や意味に何らかの変化がみられることが多い．特に，語形（発音）は，その言語の音韻体系に合わせて変形されやすい．逆に，原語の影響で，その言語に新しい音韻が取り入れられることもある．また，音韻として定着したかどうかは別にして，表記上，従来なかった（音韻を表す）書き方が現れることがある（表1.2）．

表 1.2 音韻・表記の借用例

言語	外来音	在来的発音・表記（下線部）	外来的発音・表記（下線部）
日本語	[di]	キャン<u>デー</u>	キャン<u>ディー</u>
日本語	[v]	<u>バ</u>イオリン	<u>ヴァ</u>イオリン
スペイン語	[w]	<u>v</u>ater[báter]（トイレ）	<u>w</u>ater[wátɛr/bátɛr]（トイレ）
マレー語	[f]	tele<u>p</u>on（電話）	tele<u>f</u>on（電話）
韓国語	語頭の[l]	<u>남</u>포[nampʰo]（ランプ）	<u>람</u>프[lampʰɯ]（ランプ）

日本語では，歴史的には，漢語（漢字音）の影響で，撥音や促音，拗音など

---

61) 「形式的借用」「資料的借用」は，楳垣（1963：10）の用語である．
62) 文字の借用については，ここでは扱わない．

が音韻として定着し（撥音や促音は，和語では音便として起こった），語頭に濁音やラ行音が現れるようになった（語頭の濁音は，擬音語・擬態語には，古くからあった）ということがある．

　語形が原語と大きく変わることもある[63]．これには，訛りなどを除けば，語源についての「誤った」解釈（民間語源説）による場合のほか，原語を知った上での意識的な省略による場合（略語）などがある．日本語の例を挙げると，前者には，たとえば，「コロリ」（← cholera《オランダ語》「ころりと死ぬ」の連想から），（野球の）「ゴロ」（← grounder（？）「ごろごろ転がる」の連想からか）などがある．後者には，（前述したように）「スーパー」（← スーパーマーケット ← supermarket），「パソコン」（← パーソナル・コンピューター ← personal computer）などがある．

【資料的借用における意味の変化】

　借用を通して，原語の（もともとの）意味が変化することがある．たとえば，意味の縮小や拡大，また，意味の「ずれ」などが起こる．諸言語における日本語由来の借用語（外行語）から，例を挙げる（表1.3）[64]．

表1.3　借用語の意味変化の例

言語	借用語	もとの語	意味
英語	tycoon	大君	実業界・政界の大物
ドイツ語	Satsuma	薩摩	みかん
バスク語	nintendo	任天堂	テレビゲーム
フィリピノ語	tansan	炭酸	ビンの王冠
ベトナム語	ô-sin	おしん	女の使用人

　日本語の外来語では，たとえば，「アベック」（← avec　フランス語で〈～と一緒に〉），「アルバイト」（← Arbeit　ドイツ語で〈仕事・労働〉），「イクラ」（← икра（ikra）　ロシア語で〈魚の卵〉），「カルタ」（← carta　ポルトガル語で〈カード〉），「カルビ」（← 갈비　韓国語で〈あばら骨・あばら肉〉），「クレーム」（← claim　〈要求・権利・主張〉）などが挙げられる．こういった意味の変化には，特に，意味が縮小したものが多くみられる[65]．これは，外来語に

---

63) これについては，詳しくは2.1.3項参照．
64) 例は，主に，白水社の『言葉のしくみ』シリーズによる．

「使用が特定の範囲に限られる語」や「意味の狭い語」が多い[66]ことにかかわるもので，類義語に関して，在来の語（和語・漢語）と外来語との「棲み分け」がみられる．

【形式的借用】

形式的借用で最も多くみられるのは，(前述した) 語彙における翻訳借用（翻訳語）である．ほかに，翻訳を通して，文法項目や文体に新しい形式が取り入れられることもある．日本語の文体についていえば，漢文の訓読（読み下し）から「漢文訓読体」が生まれ，また，(漢文訓読体による) 欧文の翻訳から「欧文直訳体」（以上は，文語文）が派生し，さらに，口語文への翻訳から「翻訳調文体」が起こっている．これらの文体を特徴づける構文の例を挙げる（表1.4）[67]．

表1.4 漢文訓読体・翻訳調文体における構文の例

構文	例	由来
宜しく…(す)べし	日本ニテモ，宜シク鍍錫鉞，及ヒ鉞器ニ改革スルコトヲ務ムベシ（久米邦武『米欧回覧実記』）	宜…
将に…(せ)んとす	今将に雨降らんとするに（木下尚江『臨終の田中正造』）	将…
〜をして…(せ)しむ	後進の輩をして高遠の域に至らしむ（福沢諭吉『文明論之概略』）	令/教/使〜…
〜を(以て)…と為す	此両種ヲ雑用玻璃ノ元質トナス（久米邦武『米欧回覧実記』）	以〜為…
…(せ)ざるべからず	学者世のために勉強せざる可らず（福沢諭吉『学問のすすめ』）	不可不…
…(せ)ざるを得ず	之ニ布告セザルヲ得ズ（福沢諭吉訳『アメリカ独立宣言』）	不得不…
〜は…である	夫レハ彼女ノ恋ヒ人デアル（桂川甫周編『和蘭字彙』）	〜is…
〜に(よって)…(さ)れる	私は幸福の風に文字どほりに煽られた（堀辰雄『ハイネが何処かで』）	be …ed by〜
…(し)つつある	新らしい下宿屋が建てられつゝあつた（夏目漱石『硝子戸の中』）	be …ing
(恰も)…かのように	そんな私をあたかも責めるかのやうに（堀辰雄『手紙』）	as if…

---

65) 柳父（2004）は，「外来語」は，翻訳語（漢字造語）の性格を受け継ぐもので，「ある程度定着してくると，その原語の意味とは，どこか違った日本語の意味になっている．一般に翻訳語では，その意味は，もとの原語の意味の一部を伝えるが，意味領域は必ず狭くなっている」(p.217) と述べている．
66) 2.1.1項の表2.1参照．
67) 古田島（2013），柳父（2004）などによる．

1.2 借用をめぐる諸相

　結局，日本語の実用的な文章のスタイルは，翻訳を通じて生まれたということもできる．近代（明治期）では，漢文訓読体をベースにして「普通文」（文語文）が，翻訳調文体の影響を受けて「言文一致体」（口語文）が成立している．
　なお，英語の文法・文体も，ラテン語，スカンジナビア語（北ゲルマン語），フランス語などの影響を大きく受けているという[68]．たとえば，英語において，単語の語尾変化がなくなり，かわって，単語の文中での機能（主語，目的語など）を示すのに，語順が重要な役割を担うようになったのは，スカンジナビア語との接触の影響が大きいようである．

【借用に対する態度・政策】

　借用を促進する（あるいは，しない）要因については，すでに1.1.2項で取り上げたが，ここでは，その言語を話す人々の借用に対する態度，および借用に対する政策について，ごく簡単に触れておく．
　借用要素に対する態度には，たとえば，歓迎，容認，放任，問題視，反発，排斥などがある．借用要素（特に外来語）の急激な増加や過剰な使用に対する対策（政策）には，(その両極端として)「駆除」（言い換え，廃語化など）と「自然淘汰」（成り行き任せ）とがある（図1.14）[69]．

	小←		[受け入れ度]			→大
[態度]	排斥	… 問題視	… 放任	…	容認	… 歓迎
[政策]	駆除←		→自然淘汰			
	フランス	韓国 アイスランド	日本		タンザニア	

図1.14 借用（外来語）に対する態度・政策

　フランスや韓国は，純粋主義的な政策をとり，外来語使用の規制（言い換えの推進など）を行っている．アイスランドでは，アイスランド語における外来

---
68) 田中（2002：290-294）による．
69) 陣内（2007：116），国立国語研究所（2006：47, 98-99）などによる．「駆除」「自然淘汰」は，陣内（2007：116）の用語．

語の使用は，公的分野では規制されているが，私生活などでは容認されている．タンザニアは，スワヒリ語と英語とを公用語としており，外来語の規制はない．日本は，どちらかといえば，自然淘汰に任せるやり方をとっている（詳しくは，4.4 節参照）． [**阿久津智**]

2 日本語における外来語

【日本語の語形的特徴とその変遷】
　日本語の語彙として借用語がどのように用いられ，そして，どのような歴史をたどってきたか，具体的に述べる．まず，固有の音韻組織として奈良時代以前の日本語における主な特徴は次のようであった[1]．
　(1) 一つの子音と一つの母音からなる単純な音節構造である．
　　　①拗音（ヤ行拗音・ワ行拗音）がない．
　　　②語中に母音だけの音節は立たない（母音が連続しない，二重母音がない）．
　(2) 語頭に濁音・ラ行音が立たない．
　(3) 撥音・促音・長音がない．
　これらは固有の要素という点で，和語の語形的特徴に相当する．そして，外国語との接触で，これらの音韻的特徴は，漢字音・漢語の借用，そしてその定着をきっかけに失われた．一方，室町時代にはハ行子音[ɸ]，バ行子音[b]であったが，16世紀後半にはポルトガル語からの借用によってパ行子音[p]が用いられるようになった[2]．ワ行拗音のように歴史的変化のなかで再び消滅したものもあるが，借用語が固有の音韻組織に与えた影響は大きく，和語の語形を複雑にしていった．他方，借用された外国語も，日本語に用いられ，その固有の音韻組織に同化していくなかで語形を変えることも少なくなかった．こうして，外形的には，和語と漢語・外来語との違いはあまり目立たなくなってはき

---

1) 現代に至るまで変わらない特徴としては，(1) /r/ と /l/ の区別がない，(2) /b/ と /v/ の区別がない，(3) 語頭に二つ以上の子音が立たない，(4) 語尾に子音が立たない，などがある．
2) 奈良時代以前のハ行音は[p]であったとされており，まったく新たに生じた音ではない．

たが，それでも依然としておのおのの本来的な特徴を指摘することができる．

漢字の伝来に始まる外国語との交渉において，日本語は歴史的に大きく変化してきた．そのなかで，中国語は，前述の音韻のほか，文字表記・文体や語彙などの面でも日本語に甚大な影響を与えた．そこで，漢字・漢語の使用は借用の問題ではあるが，通時的にも共時的にも特出させて扱うほうが適当であると判断される[3]．したがって，ここでは，漢語については簡単に触れるだけにして，主に外来語について，その歴史的変遷を述べることとする．

2.1 語種としての外来語

【語種の特徴】

日本語の語彙を語種に分けて扱う根拠（意義）として，語種による違いがどのようなものかという問題がある．語種は，本来的には，語の出自による分類であるが，これが現代日本語の語彙体系を考えるのに有効なのは，語種ごとに異なった特徴が見られるからである．

そこで，各語種の主な特徴を表にしてまとめておく（表2.1）[4]．

2.1.1 漢語の特徴
【漢語的語形】

まず，漢語は，視覚的には（文字言語としては），漢字で表記されるという特徴を持ち，聴覚的には（音声言語としては），漢語らしい語形で現れるという特徴を持つ[5]．この，漢語らしい語形は，その構成要素である，個々の漢字の音（字音）によってもたらされる．日本語の漢字音は，（古代）中国語原音の音節構造（における制約）を反映して，特定の音形に限られ，これが漢語の（耳で聞いたときの）漢語らしさにつながっている．現代日本語における漢字音（頭子音を除いた部分）の音形を表にして挙げる（表2.2）．

---

[3] 漢字・漢語については，本書では直接触れることはせず，本『日本語ライブラリー』に一書として用意してあるので，それに記述を譲ることとする．
[4] 国立国語研究所（1984：129）の表などを参考にした．
[5] 第1章注24参照．

2.1 語種としての外来語

表 2.1 各語種の主な特徴

	和語	漢語	外来語
語形	語頭に濁音・パ行音・ラ行音が立ちにくい．連濁が起こりやすい	語頭にパ行音がこない．漢語的な語形をとる（撥音・促音・長音・連母音を含む語が多い）．同音語が多い	「シェ，チェ，ティ，ファ」など，特殊な音（表記）がある．語形が長いものが多い
アクセント	多岐にわたる	単純（1・2字漢語は頭高型と平板型が多い）	単純（頭高型や後ろから数えて3拍目にアクセント核がくるもの（-3型）が多い
表記	ひらがな中心．漢字（訓読み）	漢字（音読み）	カタカナ
造語・語構成	語構成は多様．語構成が意識されやすい	造語力が高い（和製漢語も多い）．略語を作りやすい	語構成は単純．長い語は省略されやすい
使用範囲・意味など	使用頻度が高く，使用範囲の広い語（基本的な語，日常的な語）が多い．多義語が多い	文章語的な（硬い感じ，改まった感じの）語が多い．抽象概念を表す語が多い	使用が特定の分野に限られる語が多い．意味の狭い語が多い
文法形態（品詞）	すべての品詞（助詞・助動詞を含む）	名詞中心，動詞（〜する），形容動詞，副詞	名詞中心，動詞（〜する），形容動詞

表 2.2 現代日本語における漢字音の音形

2拍目 1拍目	-	-イ	-ウ	-ン	-ツ	-チ	-ク	-キ
㋐	㋐(可)	㋐イ(介)	—	㋐ン(看)	㋐ツ(活)	㋐チ(八)	㋐ク(各)	—
㋑	㋑(詩)	—	—	㋑ン(近)	㋑ツ(必)	㋑チ(一)	㋑ク(育)	㋑キ(域)
㋒	㋒(句)	㋒イ(水)	㋒ウ(空)	㋒ン(文)	㋒ツ(払)	—	㋒ク(服)	—
㋓	㋓(絵)	㋓イ(西)	—	㋓ン(建)	㋓ツ(結)	㋓チ*(節)	—	㋓キ(席)
㋔	㋔(古)	—	㋔ウ(灯)	㋔ン(根)	㋔ツ(骨)	㋔チ*(勿)	㋔ク(谷)	—
㋕	㋕(夜)	—	—	—	—	—	㋕ク(約)	—
㋖	㋖(主)	㋖イ*(唯)	㋖ウ(終)	㋖ン(春)	㋖ツ(出)	—	㋖ク(宿)	—
㋗	㋗(去)	—	㋗ウ(共)	—	—	—	㋗ク(食)	—

㋐〜㋔は，各段の音を，㋕〜㋗は，ヤ行音・ヤ行拗音を表す．
（ ）内は当該音の例で，*はその例の少ない音であることを示す．

　表2.2に見られるように，日本漢字音には，1拍のもの（仮名1字，または「大書きの仮名1字＋小書きの仮名1字」で表される）か，2拍のものしかない．2拍のものは，2拍目が「イ，ウ，ン，ツ，チ，ク，キ」に限られる（このうち，「ツ・チ，ク・キ」は，直後に続く漢字の頭子音によって，促音化することが

ある)⁶).

【中国中古音の字音体系】

　上記の「イ，ウ，ン，ツ・チ，ク・キ」は，中国語原音の音節末尾（韻尾）の音を反映したものである．中国語では，基本的に，一つの形態素（単語，または単語を構成する要素）が1音節であり，これが漢字1字で表される．中国語の音節は，「頭子音＋介音（半母音）＋主母音＋韻尾」（これに「声調」が加わる⁷)）という構造を持ち，このうち，「頭子音＋介音＋主母音」の部分が日本漢字音の1拍目に，「韻尾」の部分が2拍目に反映される．次ページの表2.3は，日本漢字音を，漢音を中心に，中国中古音（隋唐代の音）の理論的枠組み⁸) に合わせてまとめたものである．

　漢音は，隋唐代の首都である長安の音をかなり忠実に伝える漢字音体系である．漢音より古い時代に伝わった「呉音」（中国六朝時代の長江下流域の音が百済経由で伝わったもの）は音が不明であったり揺れていたりして，漢音ほどには体系性を持っていない（漢音と同じ音形になる場合もあり，異なる場合もある）．

2.1.2　外来語の特徴
【外来音の表記】

　外来語には，「シェ，チェ，ティ，ファ」のような，和語や漢語にない特殊な音（表記）が使われる．これらは，従来の五十音図（日本語の拍の一覧表）には含まれないものである．「外来語の表記」（1991年内閣告示・訓令）にみられる特殊な音（外来語音）の仮名表記を，以下に挙げてみる（「『外来語の表記』に用いる仮名と符号の表」の第1表右欄・第2表，および「留意事項その

---

6)　ツ・チは，たとえばイチ（一）がイッカイ（一階），イッショウ（一生），イッタン（一端），イッパイ（一杯）というように，カサタハ行の音の前で，また，ク・キは，ガク（学）がガッカ（学科）というように，カ行の音の前で促音化することがある．
7)　「声調」とは，音節内における音の高低（変化）のことであるが，今日の日本漢字音にはほとんど痕跡を残していない．ただし，日本漢字音と現代中国語の声調との間には，ある程度の対応が見られる．たとえば，日本漢字音で濁音で始まる漢字（古代中国語の濁音字に由来する）には，現代中国語で，第2声（陽平声）か第4声（去声）に読まれるものが多い．また，熟語のアクセントには，古い時代の声調が反映されている場合もある．
8)　望月（1982）などを参考に，かなり簡略化して示した．

2.1 語種としての外来語

表 2.3 中国中古音の理論的枠組みによる日本漢字音の体系（主な音形）

介音+主母音 \ 韻尾	-	-i	-u	-m	-n	-ŋ (前寄り)	-ŋ (後寄り)	-p	-t	-k (前寄り)	-k (後寄り)
(u)a	㋐ (歌多)	㋐イ [㋓] (会在)	㋐ウ (高道)	㋐ン (三岩)	㋐ン (看単)	㋐ウ (黄湯)	㋐ウ (港邦)	㋐フ (合挿)	㋐ツ [㋐チ] (達抜)	㋐ク (作絡)	㋐ク (角学)
(u)a	㋐ [㋓] ク (化麻)	㋐イ (介買)	㋐ウ [㋓ウ] (校包)		㋐ン [㋓ン] (間山)	㋐ウ [㋐ウ] (行猛)				㋐ク [㋐ク] (策百)	
i(u)a						㋐ウ [㋓ウ] (強像)				㋐ク (薬略)	
i(u)a	㋐ (写夜)										
i(u)a		㋐イ [㋐イ・㋓] (弟米)	㋓ウ [㋐ウ] (橋小)	㋓ン (検店)	㋓ン (建言)	㋓イ [㋐ウ] (京名)		㋓フ (協葉)	㋓ツ (結鉄)	㋓キ (石暦)	
(u)ə	㋔ [㋒] (古図)		㋓ウ [㋒] (構走)		㋔ン (根村)	㋐ウ (灯能)	[㋒ウ・㋒] (工通)		㋔ツ (骨卒)	㋔ク (克特)	㋔ク (谷読)
i(u)ə		㋑ [㋓] (気地)	㋑ウ [㋒・㋓] (九修)	㋑ン [㋒ン] (音今)	㋑ン [㋒ン] (近新)			㋑フ (急習)	㋑ツ [㋑チ] (一吉)		㋑ク (育菊)
i(u)ə		㋒イ (水追)			㋒ン [㋒ン] (聞文)				㋒ツ (屈払)		㋒ク (服復)
i(u)ə						㋐ウ [㋒ウ・㋒] (奉封)				㋒ク (牧目)	
i(u)ə	㋓ (主樹)		㋓ウ [㋒] (春準)		㋓ン (出術)	㋓ウ (宮中)				㋓ク (宿熟)	
i(u)ə	㋵ [㋔] (去御)					㋵ウ (昇乗)	㋵ウ [㋶ウ] (共竜)			㋵ク [㋑キ] (食力)	㋵ク [㋔ク] (属緑)

- ローマ字は，中国中古音の理論的枠組みを示す．(u)は合拗音である場合を示す．
- 日本漢字音は字音仮名遣いによる（現代では -p の「フ」は，「ウ」になるほか，「立・執」のように，「フ→ッ」と促音化して，さらに「ツ」となるなどしている．このように，日本語のなかで音韻変化をとげた字音もある）．
- [ ]内は呉音のみに見られる音形であることを示す．
- ( ) 内の漢字は当該音の例．
- ㋐〜㋔は，各段の音を，㋵〜㋶は，ヤ行音・ヤ行拗音を表す．

1」の6にあるもの）．

　　　シェ，チェ，ツァ，ツェ，ツォ，ティ，ファ，フィ，フェ，フォ，ジェ，ディ，デュ（以上，第1表右欄にあるもの）

イェ，ウィ，ウェ，ウォ，クァ，クィ，クェ，クォ，ツィ，トゥ，グァ，ドゥ，ヴァ，ヴィ，ヴ，ヴェ，ヴォ，テュ，フュ，ヴュ（以上，第2表にあるもの）

スィ，ズィ，グィ，グェ，グォ，キェ，ニェ，ヒェ，フョ，ヴョ（以上，「留意事項その1」の6にあるもの）

以上は，「ヴ」を除くと，すべて「大書きの仮名＋小書きの仮名」で表記されている．「大書きの仮名＋小書きの仮名」という表記方法は，従来は「キャ，キュ，キョ」などの拗音の表記に使われていたもので，大書きの仮名の「子音」と，小書きの仮名の「（半母音＋）母音」とを合わせた発音になることを表す．「キャ」を例にとると，「キ」の子音の/k/と，「ヤ」/ja/[9]を合わせて，「キャ」/kja/と読むことになる．このような，2文字で1音節の発音を示す方法は，「反切」と呼ばれる[10]．外来語音の「大書きの仮名＋小書きの仮名」表記もこの方法を用いている[11]．「ティ」を例にとると，「テ」の子音の/t/と，「イ」（母音）/i/を合わせて，「ティ」/ti/と読むことになる．この方法によって書き表せるのは，従来の日本語の音素（子音・母音）を組み合わせてできる音節に限られるため，外来語音には，（「ヴ」の/v/を除いて）新しい音素は使われていないことになる[12]．次に外来語音を含む「拡大五十音図」を挙げておく（表2.4)[13]．

---

9) ローマ字表記では，「ya」が一般的だが，音素表記では，一般に/ja/と書く（//は音素表記であることを示す）．/j/は，拗音の半母音となる．

10) 「反切」は，ある漢字の音を別の漢字2字で示す方法である．1字目の頭子音（声母）の発音と，2字目の，頭子音を除いた部分（韻母）の発音を合わせると，当該漢字の発音になる．すなわち，中古音で「東」は「徳紅反（徳紅切）」というように説明されるが，「徳」の声母tと「紅」の韻母uŋから，tuŋとなるというように示したものである．

11) 「イェ，ウィ，クァ，グァ」などについては，大書きの仮名を，それぞれ，/j/，/w/，/kw/，/gw/に当たるものとして，使っていることになる．なお，外来語（外国語音）の特殊な表記方法は，江戸時代の後期にほぼ確立したという（楳垣 (1963：126) による）．

12) 「ヴ」は，従来の日本語にはない[v]を表す仮名表記であるが，実際には[b]で発音されるのが普通であり，/v/が日本語の音素として定着しているとは言いがたい（「ヴァ，ヴィ，ヴ」などは，表2.4には載せていない）．

13) 『新版 日本語教育事典』（日本語教育学会編，2005）「五十音図」の「外来語などを含んだ拡大五十音図」（p.15）を参考にした．

2.1 語種としての外来語

表 2.4 拡大五十音図

母音\子音	/a/	/i/	/u/	/e/	/o/	/ja/	/(j)i/	/ju/	/je/	/jo/
/・/	ア	イ	ウ	エ	オ	ヤ	(イ)	ユ	<u>イェ</u>	ヨ
/k/	カ		ク	ケ	コ	キャ	キ	キュ	<u>キェ</u>	キョ
/kw/	<u>クァ</u>	<u>クィ</u>		<u>クェ</u>	<u>クォ</u>					
/s/	サ	<u>スィ</u>	ス	セ	ソ	シャ	シ	シュ	<u>シェ</u>	ショ
/t/	タ	<u>ティ</u>	<u>トゥ</u>	テ	ト			<u>テュ</u>		
/c/	<u>ツァ</u>	<u>ツィ</u>	ツ	<u>ツェ</u>	<u>ツォ</u>	チャ	チ	チュ	<u>チェ</u>	チョ
/n/	ナ		ヌ	ネ	ノ	ニャ	ニ	ニュ	<u>ニェ</u>	ニョ
/h/	ハ			ヘ	ホ	ヒャ	ヒ	ヒュ	<u>ヒェ</u>	ヒョ
/hw/	<u>ファ</u>		フ	<u>フェ</u>	<u>フォ</u>		<u>フィ</u>	フュ		<u>フョ</u>
/p/	パ		プ	ペ	ポ	ピャ	ピ	ピュ		ピョ
/m/	マ		ム	メ	モ	ミャ	ミ	ミュ		ミョ
/r/	ラ		ル	レ	ロ	リャ	リ	リュ		リョ
/w/	ワ	<u>ウィ</u>		<u>ウェ</u>	<u>ウォ</u>					

母音\子音	/a/	/i/	/u/	/e/	/o/	/ja/	/(j)i/	/ju/	/je/	/jo/
/g/	ガ		グ	ゲ	ゴ	ギャ	ギ	ギュ	<u>ギェ</u>	ギョ
/gw/	<u>グァ</u>	<u>グィ</u>		<u>グェ</u>	<u>グォ</u>					
/z/	ザ	<u>ズィ</u>	ズ	ゼ	ゾ	ジャ	ジ	ジュ	<u>ジェ</u>	ジョ
/d/	ダ	<u>ディ</u>	<u>ドゥ</u>	デ	ド			<u>デュ</u>		
/b/	バ		ブ	ベ	ボ	ビャ	ビ	ビュ		ビョ
特殊音素						ン	ッ	ー		

<u>下線</u>は，外来語音（表記）．

なお，外来語を片仮名で表記するという習慣は，新井白石『西洋紀聞』（1715年成立）において外国語を片仮名で原則的に書き記したことに始まり，その後，蘭学者を介して次第に広く定着していった．

2.1.3 外来語の変容

【語形の変容】

先にも固有の音韻的特徴を記したように，日本語は本来的に一つの子音と一

つの母音からなるという単純な音節構造であったため，外国語の子音連続に対しては，必ず子音一つずつに母音が添えられるという特徴がある．たとえば，英語[14] strike の[straik]という発音が日本語ではストライク[sutoraiku]，もしくは，ストライキ[sutoraiki]というように，子音には必ず母音を添えて発音される[15]．そのため，strike は英語では1音節であるが，日本語では「ス・ト・ラ・イ・ク」というように5拍で構成されるということにもなる．

前掲表2.4の拡大五十音図は，外来語の発音を原音になるべく近づけようという傾向によって比較的最近の表記を反映しているが，一方で，固有の音韻組織に基づく発音も，プラスチック plastics，メガホン megaphone，フイルム film のように慣用として根強く用いられている．また，ウエディング/ウェディング wedding，ビーナス/ヴィーナス venus，チーム/ティーム team のように，表記に揺れが見られるものもある．

日本語化した結果，原音とは異なる発音となったものもある．
(1) 音が一部変化したもの
　　①濁音化したもの
　　　　loose ルース → ルーズ
　　　　close up クロース・アップ → クローズ・アップ
　　②長音化したもの
　　　　wool ウル → ウール〈羊毛〉
　　　　woman ウマン → ウーマン
　　　　mora モラ《ラテン語》→ モーラ〈拍〉
　　③短音化したもの
　　　　slipper スリッパー → スリッパ
　　　　container コンテナー → コンテナ〈輸送用の金属容器〉
　　④訛ったもの

---

14) 以下，ここでは英語を例示する場合は，特にその旨を断ることは省く．
15) 直後に母音のない子音に添えられる母音は，原則として狭母音のuが添えられる（例：group の g- はグ，-p はプ）．ただし，-ch, -tch ではチとなり，また stick ステッキ・express エキスプレスともなるように，狭母音 i が添えられることもある．str- や -t などの t, dr- や -d などの d では，母音 o が添えられてト・ドとなる（例：street ストリート, dry ドライ, bed ベッド）．

　　　　pudding プディング → プリン
　　　　lemonade レモネード → ラムネ
　　　　white shirt ホワイト・シャート → ワイシャツ（色柄物にもいう）
　　　　sewing machine ソーイング・マシンの「マシン」→ ミシン
　(2) ローマ字綴り式の発音となったもの
　　　　radio レイディオ → ラジオ（ラヂオ）
　　　　label レイベル → ラベル
　　　　glove グラブ → グローブ
　　　　bass ベイス → バス〈低音〉
　　　　energetic エナージティク → エネルギッシュ（しかも語形も違える）
　(3) 音を省略したもの
　　　①ある一部の音を省略したもの
　　　　《下略》department store デパートメント・ストア → デパート [16]
　　　　《中略》plastic model プラスチック・モデル → プラモデル
　　　　《上略》inferiority complex〈劣等感〉→ コンプレックス
　　　　　　　　　　　（complex は〈理解しがたい，複合の〉の意）
　　　　《上下略》cash register キャッシュ・レジスター → レジ
　　　②語頭の文字以外を省略したもの（ABC 略語）
　　　　Peace Keeping Operations〈平和維持活動〉→ ピーケーオー PKO
　　　　International Organization for Standardization〈国際標準化機構〉
　　　　　→ イソ ISO

【同音衝突と二重形】

　もともと，原語では別の発音，別の意味であった複数の語が日本語に借用されて，同じ語形となったものがある．これを「同音衝突」(homonym(ic) clash) という．

　　　ホーム … home ホーム/platform プラットフォームの「ホーム」
　　　メジャー … measure〈計量器〉/major〈大きい方の〉

---

16) 原語の語形から形態素を省略した場合，その省略形が別の意味・用法となって，もとの意味を失うことがある．たとえば，living room を下略した場合，living となるが，living には形容詞のほか，名詞として〈生活・生計〉の意はあっても，〈居間〉の意はない．

バレー … ballet《フランス語》〈バレエ〉/valley〈谷〉
クール … cool〈冷たい，格好いい〉/cours《フランス語》〈放送で，番組の一区切り．3か月〉
エーディー AD … assistant director/anna Domini〈西暦紀元〉

　また，ある言語のなかで共通する語源に由来するが，互いに異なる語形で併用されている二つの語を「二重形」（doublet，二重語・姉妹語とも）という．年代を異にして別のルートで借用された場合に生じることが多い．
（1）出自の異なる言語からの二重形[17]
　　　カルタ carta《ポルトガル語》/カルテ Karte《ドイツ語》/カード card
　　　（さらに，ア-ラ-カルトのカルト carte《フランス語》）
　　　インキ inkt《オランダ語》/インク ink
　　　ガラス glas《オランダ語》/グラス glass
　　　コップ kop《オランダ語》/カップ cup
　　　ゴム gom《オランダ語》/ガム gum〈チューインガムのガム〉
　　　ゼミナール Seminar《ドイツ語》/セミナー seminar
（2）出自を同じくする言語からの二重形
　　　volley　ボレー〈空中で球を打つこと〉/バレー〈バレーボール〉
　　　iron　アイロン〈西洋式ひのし〉/アイアン〈ゴルフのクラブの一種〉
　　　report　レポート/リポート〈報告〉

【意味の変容】

　外来語が日本語の文脈で多用されるようになると，原語とは違う意味で用いられることもしばしば生じる．たとえば，「リフォーム」reform は〈改正する，改善する〉という意であるが，日本語では専ら〈住宅を増改築する，改装する〉という意で用いられる．「リストラ」は restructuring リストラクチャリングの略語で，もともとは〈再構築〉の意である．しかし，多くは〈従業員を解雇

---

[17]　語形がかなり異なるものには，ギヤマン diamante《ポルトガル語》，diamant《オランダ語》/ダイヤモンド diamond や，ドンタク zondag《オランダ語》/サンデー Sunday〈日曜日〉などの例がある．また，固有名詞は原語の発音主義によるため，起源を同じくする相異なる名前も，二重形の一種である．チャールズ Charles は，カール Karl《ドイツ語》，カルロス Carlos《スペイン語》，カルロ Carlo《イタリア語》，シャルル Charles《フランス語》などと同源である．

すること〉の意として用いられている．また，「プロポーズ」propose は〈提案する〉という広い意味であったが，日本語では〈結婚を申し込む〉という狭い意味に縮小されている．

時代に応じて，場面に応じて意味が変化するのは言語の必然であり，借用語もその例外ではない．このような，原語とは異なる意味で用いられる例の一端を次に挙げておく．

  claim クレーム　〈主張・権利〉→〈苦情〉
  follow フォロー　《動詞》〈付き従う〉→〈補い助ける〉
  ground グラウンド　〈地面〉→〈運動場〉（グランドともいう）
  seal シール　〈封印〉→〈貼って使う，絵などが描かれた小片〉
  handle ハンドル　〈取っ手・柄〉→〈自動車・自転車の操縦器具〉
  businessman ビジネスマン　〈実業家〉→〈会社員〉
  morning service モーニングサービス　〈教会での朝の礼拝〉
   →〈喫茶店などで提供する，午前中の廉価な軽食〉

【用法の変容】

外来語は大きく，名詞性のもの，動詞性のもの，形容詞性のものに分けられる．動詞性のものは「する」を添えて動詞として（例：アルバイトする），形容詞性のものには「な（だ・に）」を添えて形容動詞として（例：ゴージャスな（だ），クリアに）用いるのが一般的である．なかには，接尾辞「る」「い」を添えて用いられるものもあるが，数は少ない．

  メモる　　ハモる　　サボる（← サボタージュ）　　ダブる　　トラブる
  エロい（← エロチック）　　グロい（← グロテスク）

このほか，英語で live ライヴ〈実演の〉は形容詞および副詞であるが，外来語としては「ライブを見る」などと名詞にも用いられる．shock ショックは動詞・名詞であるが，「ショックな出来事」のように形容動詞として用いられることもある[18]．このような，英語における品詞から逸脱した用法は，次のような例にも見られる．

---

[18] 英語では形容詞に shocking（もしくは shocked）を用いるから，「ショッキングな出来事」というのは問題ない．ただし，shock もまれに〈一流の〉の意で，形容詞に用いられることもあるが，その場合，日本語の「ショックな」は意味の変容ということになる．

sign サイン 《動詞》→《名詞》(英語の名詞は signature)
pierce ピアス 《動詞》〈貫く〉→《名詞》(英語では pierced earrings)
spell スペル 《動詞》→《名詞》〈(英文の)綴り〉
on the air オンエア 〈放送中〉→《名詞》(サ変動詞にも用いる)

[沖森卓也]

2.2 江戸時代までの外来語受容

戦国時代の終わりから江戸時代のはじめにかけて, 西洋人との交易が始まる. ヨーロッパ人の渡来によって, 非漢字国からの外来語の受容が始まった.

2.2.1 ポルトガル語

1543年, ポルトガル人を乗せた中国船が種子島に漂着する. それから約1世紀にわたってポルトガル(1580年にスペインに併合)・スペイン(イスパニア)との「南蛮」貿易が続く.

当時のポルトガルは, スペインと並んで世界の七つの海を制する大航海時代の先駆者となっていた. ポルトガルは, インドのゴア, マラッカ, ジャワを拠点とし, 中国のマカオにも勢力を拡大して世界の香料貿易を独占することに成功している. 16世紀中頃から17世紀半ばまで, 南・東アジアではポルトガル語が通商の共通言語(リンガフランカ)として機能していた.

ポルトガルによる植民地化・貿易拠点の拡大には, カトリックの一会派であるイエズス会が参加し, 新たに発見された東方世界をキリスト教化する任務を負っていた. 日本でのキリスト教布教は, 1549年に, イエズス会宣教師で, スペイン出身のフランシスコ・ザビエルが鹿児島に上陸したことから始まる. 宣教師たちは独自に日本語を学び, 「通事伴天連(tçŭzu 通訳＋padre 神父)」として, 貿易上の折衝および交渉の仲立ちをすることで潤沢な布教活動資金を得ていた.

イエズス会の伝道は, 学問, 教育, 絵画, 音楽, 活字印刷などのヨーロッパ文化の移植とキリスト教文化の布教であった. 日本イエズス会は, 原則として教義に関する用語は「エケレジャ〈教会〉」「アンジョ〈天使〉」のように, ラ

テン語またはポルトガル語をそのまま使う方針であったことから，当時の「キリシタン」関係用語は500もあったという．

今日，雨具として日本に定着している「カッパ」は，本来は宣教師の着ていたガウン状の法衣（外套）のことであったが，防寒だけでなく防雨用として活用されるようになっていく．ポルトガル人が着用していた「カルサン」は袴風ズボンとして豊臣秀吉も愛用している．また，男性の上着や短い胴着を指す「ジュバン」は着物の下に着る肌着として全国に広がった．

キリスト教の儀式に不可欠な葡萄酒やパンなども，教会を通して全国に広がっていく．慣用句の「ピンからキリまで」の語源が，ポルトガル語の「ピン（点 pinta）」と，「キリ（十字架 cruz）」の形状から比喩的に生まれたという有力説もあるほど，ポルトガル語からの外来語は多く取り入れられた．

ポルトガル語からの借用語は，その多くが漢字で音訳されたが，漢字が読めない庶民には，耳で聞く新語として，本来の意味や用途とは異なった形となって暮らしのなかに入り込んでいく．江戸時代以降，オランダとの交易時代になっても，ポルトガル語で「オランダ」と国名を呼んでいたように，ポルトガル語由来の外来語は定着していった．

ポルトガル語からの借用例

　　アーメン amen 《祈祷語》あめん　　アンジョ anjo 〈天使〉
　　オラショ oratio 於辣諸〈祈祷〉　　オルガン orgão おろがん
　　カッパ capa 合羽　　カルサン calção 軽衫
　　カルタ carta 歌留多，加留多，骨牌　　カルメラ caramelo 〈カルメラ焼〉
　　キリシタン christão 切支丹，吉利支丹　　クルス cruz 〈十字架，紋章〉
　　コップ copo 〈洋盃，カップ〉　　コンペイトウ confeito 金平糖，金米糖
　　ザボン zamboa 〈柑橘〉　　サラサ saraça 更紗　　ジュバン jubão 襦袢
　　ゼス Jesu 耶蘇〈イエス〉　　タバコ tabaco 煙草
　　チャルメラ charamela 〈唐人笛，南蛮笛〉　　チョッキ jaqueta
　　テンプラ tempero 天婦羅　　パーテレ padre　　パードレ〈神父〉
　　バッテイラ bateira　　バテレン pardre 伴天連〈宣教師〉
　　パン pão 麺包，麺麭　　ビードロ vidro 〈硝子，玻璃〉
　　ビスカウト biscouto 乾蒸餅　　ビロウド veludo 天鵞絨
　　フラスコ frasco ふらすこ　　ボウロ bolo 房露，ボール

ボタン botão　鈕，釦　　ラシャ raxa　羅紗　　ミイラ mirra　木乃伊
カステーラ pão de Castella　粕貞羅，カステイラ〈カスティーリャ王国のパン〉
カボチャ Cambodia abobora　〈カンボジア渡来の瓜〉南瓜〈南蛮渡来の瓜〉
フィリョーズ filhos　飛竜頭，飛竜子，ひろうす，ひりゅうず〈油で揚げた菓子，がんもどき〉
　　　　　　　　　　　　　　　　　　　　　〈　〉内は説明（以下同じ）

2.2.2　スペイン語

スペインは，16世紀中頃にはフィリピンのマニラとメキシコのアカプルコとの太平洋交易路を開拓していた．1580年にポルトガルを併合し，1584年，スペイン船が平戸（長崎県）に漂泊したことから，日本とスペインとの交易が始まる．しかし，交流はキリシタン禁教令とスペイン船来航禁止令までの40年と短く，スペイン語がポルトガル語と類似した言語であるため，先に入ったポルトガルからの外来語が優先され，スペイン語からの借用は少ないとされる．

スペイン語からの借用例
　パン pan　麺包，麺麭
　メリヤス medias　莫大小，目利安（ポルトガル語では meias）

2.2.3　オランダ語

【オランダ商館】

大航海時代の初期に日本に来航していたポルトガル船とスペイン船は，17世紀に入ると，新興国に脅かされて急速に減少していく．アジアで台頭してきたのはスペインから独立したばかりのオランダで，ポルトガルからインドネシアのバタビア（ジャカルタ）を奪ったあと，イギリス東インド会社をマレー諸島からインドに押しやり，1602年にオランダ東インド会社を設立する．オランダは東南アジアの各地に商館や要塞を築き，国運を世界貿易に託していく．

1600年，オランダ船「リーフデ号」が太平洋横断中に遭難し，豊後（大分県）の臼杵海岸に漂着する．この船には，オランダ人のヤン・ヨーステンと，イギリス人のウイリアム・アダムスが乗っていて，これがオランダ，イギリスの対日貿易（朱印船貿易）開始のきっかけとなる．両人はともに徳川家康に仕え，アダムスは日本名，三浦按針として外交顧問となる．

バタビアに総督府をおいたオランダは，1609年に徳川幕府から朱印状を受け，平戸に商館を設ける．イギリスも1613年に商館を設けたが，香料貿易の中心だったインドネシアのアンボンの商館をオランダに襲撃された（1623年のアンボイナ事件）ことを機に撤退している．1639年，徳川家光は，キリスト教宣教師やポルトガル人を追放して，西洋貿易はキリスト教の布教をしないオランダのみとした．1641年，平戸にあったオランダ商館は出島に移され，貿易は長崎のみに限定される[19]．以後，日米修好通商条約が締結・調印される1858年までの217年間，オランダ商館はさまざまな輸入品を通して，日本人に西洋のイメージを与え続け，長崎は西洋の象徴となっていった．一方オランダは，日本の銀と銅を独占して，アジアの香料貿易につぎこみ，東洋貿易の黄金時代を迎えていく．

【蘭学】

幕府は，オランダ商人を出島に居住させ，オランダ人と日本人との自由な行き来を禁じた．オランダ船を通して得た世界の情報は門外不出とされていたため，一般人が西洋の学問に接する道は閉ざされていた．しかし，八代将軍徳川吉宗の時代になると，キリスト教関係以外の書籍輸入が解禁され（1720年），中国からの漢訳洋書とオランダ語の原書が輸入されるようになる．特に漢訳洋書は，近世日本の知識人になじみの深い漢語を通して西洋の文化を学ぶことができることから，日本における洋学の成立・発展に大きく貢献していく．

不足していたオランダ語の通訳や翻訳者の育成も行われるようになる．将軍に仕えていた書物奉行（青木昆陽（こんよう），野呂元丈（げんじょう）など）も，長崎でオランダ語を学ぶように命を受け，やがて，青木昆陽がオランダ語の入門書『和蘭（オランダ）話訳』（1743年成立）を著し，野呂元丈がオランダの書物に基づく動植物や薬物の研究書を著した．こうして，オランダの書物を通して西洋の学術・文化を研究する「蘭学」が日本の新しい学術研究を牽引するようになっていく．

江戸時代の中期には，杉田玄白，前野良沢らが，オランダ語の解剖書『ターヘル・アナトミア』（ドイツ人のクルムスが著した『解剖図譜』をオランダ語に翻訳したもの）を，足かけ4年の歳月を費やして，1774年に翻訳（漢文訳）

19）当初のオランダ交易においては，オランダ語を使える通訳が少なかったことから，ポルトガル語が使われていた．

を完成させている[20]．これが日本最初の本格的な西洋科学書の翻訳書となる．

　アルファベットも知らなかった杉田らを，未知のオランダ語解読に向かわせたのは，これまで信じて疑わなかった中国からの漢医学が正しくなかったと気づいたことにある．そして，新しい医学知識，蘭医学を学びたい，広めたいという熱い思いが苦心の翻訳につながる．その会読・翻訳は「軟骨」や「神経」など，当時の日本医学ではその存在さえ知られていなかった新しい概念についての翻訳語を作り出し，蘭学の扉を開けていった．

　杉田玄白の回想録『蘭学事始』(1815年成立)は，1869年に福沢諭吉らによってはじめて出版されたが[21]，福沢はその再版（1890年）の序文に，「玄白の『ターヘル・アナトミア』の翻訳を始めたときは，艫も舵もない船で大海に乗り出したような気持ちだったという場面では，読むたびに，その苦心のほどが思いやられ，その勇気におどろき，その誠意誠心に心打たれ，感極まって涙があふれてきた」と記している．

　なお，今日の外来語表記のもととなる表記法は，江戸中期の儒学者である新井白石に始まるとされる．新井白石は，1708年に屋久島に潜入したイタリアのイエズス会宣教師を尋問したときの記録である『西洋紀聞』（1715年頃成立）のなかで，「ローマ」「バタゴーラス」のように伸ばす音を「ー」で表し，外国語の発音をカタカナで表記する際の長音符を工夫している．この本は，西洋諸国のキリスト教に関する記述もあったことから秘本とされ，刊行されなかった．しかし，1793年に幕府に献上されたことで，その外国語表記の方法は蘭学者たちに広まっていった．やがて，それは英学者へと引き継がれ，外来語のカタカナ表記として定着していくことになる．

オランダ語からの借用例

　　アラビアゴム Arabishe gom　　亜剌比亜護謨　　アルカリ alkali　　亜爾加里
　　アルコール alcohol　　亜爾箇児　　インキ inkt
　　エレキテル elektriciteit　　ゑれきてり〈電気〉　　オルゴール orgel
　　ガス gas　　瓦斯　　カテーテル katheter　　ガラス glas　　硝子（びいどろ）

---

[20] 刊行された『解体新書』には，「杉田玄白訳，中川淳庵校，石川玄常参，桂川甫周閲」とあり，翻訳の主力であった前野良沢は訳者としての名前を出すことを拒否したため，記されていない．

[21] 『蘭東事始』，また『和蘭事始』という表題を付けた古写本も伝わっている．

カルシウム calcium　加爾叟謨，カルキウム
カンテラ kandelaar　かんてら，カンデラール
カンフル kampher　カムヘル，カムフェル　　ギプス gips　義布斯
ギヤマン diamant　〈ガラス〉　　クレオソート creosoot
コーヒー koffie　コッヒー，可喜，骨喜　　コック kok　　コップ kop
ゴム gom　護謨　　コルク kurk　　コレラ cholera　虎列剌
サフラン saffraan　泊夫藍　　ジャガタラ Jacatra　〈ジャカルタ，バタビア〉
スポイト spuit　　ソーダ soda　曹達　　ソップ soep　〈スープ〉
ターフル tafel　卓子〈テーブル〉　　タルタ taart　〈タルト〉
ビール bier　びいる，麦酒　　フラネル flanel　布羅涅児，フランネル
ブリキ blik　ブリッキ　　ボートル boter　〈牛酪，バター〉
ホップ hop　忽布　　ポンプ pomp　　マドロス matroos　　メス mes　〈小刀〉
メルキ melk　〈牛乳，ミルク〉　　ランドセル ransel　　ランプ lamp
レンズ lens

2.2.4　英　　　語

　オランダは16世紀末から18世紀後半まで，海洋王国として，世界の商業中心国であったが，イギリスとの争いとナポレオン戦争により後退していく．

　19世紀に入ると，西洋列強のアジア進出が日本にも及んでくる．19世紀のヨーロッパは，市民革命，産業革命を経て資本主義経済の成熟期に入り，植民地獲得にしのぎを削っていた．ロシアも国交を求めて1804年に長崎に入港している．

　1808年には，イギリス軍艦フェートン号がナポレオン支配下にあったオランダ商船を拿捕する目的で，国籍を偽って長崎に侵入し，オランダ商館員を捕らえて，薪水，食料などを強要して去るという事件が起こる．日本側は英語が分からないために大失態を演じたことから，ヨーロッパで国際言語として用いられていたフランス語や英語が使える人材の養成が急務となっていく．このため，オランダ通詞たちは，オランダ商館長について，オランダ語だけでなく，英語やフランス語の教えも受けるようになる．

　この間，日本に交易を求めるべく，近海にはさまざまな外国船が現れている．1853年にペリー率いるアメリカ東インド艦隊が浦賀に来航し，翌年，日米和親条約が調印され，鎖国政策に幕が閉じられた．

1858年，江戸幕府はアメリカを皮切りに，オランダ，ロシア，イギリス，フランスの5か国と，相手国側に有利な修好通商条約（安政の5箇国条約）を結ぶ．これに続いて，1860年にはポルトガル，1861年にはドイツ（プロイセン），1864年にはスイス，1866年にはベルギーとイタリア，1867年にはデンマークと修好通商航海条約を締結していく．これらの条約はいずれもオランダ語版が正文となった．というのも，日本にオランダ語以外のヨーロッパ語に精通した人材がいなかったためである．

　日本の通詞不足は緊急の課題となり，英語，フランス語，そしてドイツ語人材を養成する必要に迫られる．1856年に江戸に幕府の洋学所が設置され，長崎にも1857年に英語・フランス語・ロシア語を学ぶ語学伝習所が設置され，1858年には英語専門の伝習所が開かれている．

　通商条約を結んだ諸外国には，神奈川（横浜），長崎，函館，新潟，兵庫（神戸）の港が開放された．これらの港町には外国人居留地が設けられ，欧米人とその貿易媒介をはたす中国人が多く行き交うようになる．居留地周辺地域や市場が開かれた都市部を中心に，日本人と外国人とが接触・交流する機会が増え，これが日本の西洋化に大きな影響を及ぼしていく．

2.3　近代における外国語受容

　明治時代には，欧米のモノ・ヒト・コトが一気になだれこむ．外国の文物・思想・文化の精力的な吸収が始まり，多くの概念が漢語に翻訳されたほか，カタカナ表記の外来語も増えていく．

2.3.1　近代国家の建設と英語

　1868（明治元）年9月，東京に明治新政府が発足してから，1912（明治45）年7月に大正と改元されるまでの44年間は，ひたすら西洋を取り入れ，西洋と対等な近代国家の建設へと突き進む激動の時代であった．

　幕末からヨーロッパ先進国の技術や学問の摂取が始まっていたが，明治になると「文明開化」「富国強兵」「殖産興業」の国策のもと，軍事や政治・経済，教育制度から人々の社会意識のあり方まで，西洋の文化・文明の吸収が本格化

していく.

【英語の優位性】

ヨーロッパでは，1760年代からの産業革命で，イギリスがいち早く紡績工場の機械化を進め，大量生産を実現していた．殖産興業を推し進めようとしていた日本は，イギリスからその工業化と近代資本主義経済を導入し，製糸業，建築，土木事業，鉄道，電信，鉱山，造船などの官営事業を次々と創設していく．

1880（明治13）年，のち（1885（明治18）年）に伊藤博文（初代首相）内閣の文相となる森有礼が，アメリカ駐在の外交官を経て，特命全権大使としてロンドンに赴任している．森は日本語を廃止して英語を国語にしようと主張したことで知られる．夏目漱石も1900（明治33）年に文部省第1回給付奨学生としてロンドンに渡っている．帰国後に小説家となった漱石は，表現したい「説明文(エキスプレッション)」が日本の語彙にないとして，漢訳語にカタカナ英語を添えて世に送り出していく．

当時のヨーロッパ渡航は，政府要職に就くエリートコースであった．明治後期には，ヨーロッパ先進3都市（ロンドン，パリ，ベルリン）のなかでもロンドン在留の日本人の数が突出して多くなる[22]．

国内でも，専門技術・知識を持つお雇い外国人が積極的に採用された．植村正治の調査によれば，1881（明治14）年から1890（明治23）年までのお雇い外国人2690人の国籍割合をみると，イギリスが1127人（41.9％）と最も多く，次いでアメリカが414人（15.4％）と，英語国民がお雇い外国人総数の過半数を占めている（植村，2008）[23]．

政府雇用でみると，お雇い外国人の約5割をイギリス人が占め，そのうち近

---

22) 和田（2009）によれば，1907（明治40）年のロンドン在留日本人は353人（パリ84人，ベルリン55人）で，1910（明治43）年には540人（パリ97人，ベルリン172人）に増え，第一次世界大戦後の1921（大正10）年には1163人（パリ128人，ベルリン268人）と急増していく．
23) 1881年から1890年までのお雇い外国人総数2690人の国籍（上位12か国）は，①イギリス1127人，②アメリカ414人，③フランス333人，④中国250人，⑤ドイツ215人，⑥オランダ99人，⑦フィリピン79人，⑧オーストリア28人，⑨デンマーク23人，⑪イタリア19人，⑫ロシア13人である．

代化を推進する工部省（1870〜85（明治3〜18）年）における雇用が43％と突出していた．

これに対してアメリカ人の雇用は，北海道・樺太の開拓経営のための行政機関である開拓使（1869〜82（明治2〜15）年）や外務雇用に占める割合が高いものの，その半数以上が民間雇用であった．特に教師雇用はお雇いアメリカ人総数の44％を占め，そのうち半数近くが各地に開設された外国語学校（英語学校）などの民間雇用であった．

3番目に多いのは，フランスからのお雇い（333人，全体の12.4％）で，陸軍省をはじめ軍雇用に集中していた．そうしたなかで，製糸技師ブリューナは，1872（明治5）年に開業した，当時世界一の規模を誇った富岡製糸場の工場長として招聘され，日本の製糸業の近代化に大きく貢献したことで知られる．

ドイツからのお雇い総数（215人，全体の8.0％）は英米仏ほど多くはないが，政府雇用の比率では，イギリスよりも高い62％で，文部省，内務省，農商務省での雇用割合が高く，特に「学術教師」「技術者」としての文部省雇用が多かった．

こうした英米仏独の外国人雇用分布は，日本がどの分野で何（どの国）を範としたかを反映するものであり，すでに成功している国の技術や知識をそっくり取り入れようという意思の現れであった．その知識の摂取においては，英語文献が豊富であったため，英語によるのが効率的であるとされ，一気に英学の時代となり，英語学習意識が高まっていった．

【食文化と外来語】

明治初期の1871〜72（明治4〜5）年に，仮名垣魯文が『牛店雑談　安愚楽鍋』を発表し，人気を集める．これは開化期の世相を，牛鍋屋に集まる庶民の会話を通して描いた滑稽小説で，その初編に記された「（士農工商老若男女．賢愚貧福おしなべて．）牛鍋食はねば開化不進奴」は時の流行語となった．

『安愚楽鍋』には一蕙斎（大塚）芳幾による挿絵が施され，当時の世相や人々の暮らしを映し出す貴重な歴史資料としてよく引用される．なかでも牛肉店（牛の練薬黒牡丹店）「日の出」屋の絵には，店頭ののれんに「乾酪　チーズ」や「乳油　バタ」といった「洋名」を記した販売用の品書きがあり，外来語が市中に出回っていたことが分かる．

2.3 近代における外国語受容

図 2.1 『牛店雑談 安愚楽鍋』より，牛肉店「日の出」屋[24]

図 2.2 大阪の渋谷麦酒のレッテル
（1884（明治 17）年頃）[25]

図 2.3 森永の洋菓子広告（1907（明治 40）年
12 月 29 日）[26]

　明治初期の 1870 年代は英語ブームを迎え，日本製のビールなども英語表記の商品ラベルで高級感を出していた．庶民の嗜好品にも，ABC の形のビスケ

---

24) 出所は，国文学研究資料館「近代書誌・近代画像データベース」（ウェブサイト）．
25) 出所は，大塚力編（1969：154）『食生活近代史—食事と食品』雄山閣出版．
26) 出所は，大塚力編（1969：133）『食生活近代史—食事と食品』雄山閣出版．

ットや煎餅が登場し，アルファベットが身近になっていった．

　舶来の飲食物は，たとえばチョコレートは，当初は「貯古齢糖」「千代古齢糖」「猪口令糖」などのように製造菓子店によって異なる音訳漢字表記だったが，こういった当字表記は読みにくく，読売新聞が外来語をカタカナ表記にして購読者数を伸ばしたことから，外来語はカタカナ表記に統合されていった．

【洋装スタイルと外来語】

　文明開化の男性ファッションといえば，ザンギリ頭に，西洋風の口髭やあご髭をはやし，出かけるときはシャボン（石鹸）で顔を洗い，フランス製のマントル（マント）とシャッポ（帽子），イギリス仕立てのチョッキと背広にハンケチ，そしてサーベル（洋刀）または洋傘（こうもり傘）か洋杖（ステッキ），懐中時計，という舶来物で装うのが理想のスタイルであった．

　外国賓客が増えた 1883（明治 16）年には，その接待用に，内外上流階層の社交場として，イギリス人の設計による鹿鳴館が建てられ，夜ごときらびやかな舞踏会や夜会，園遊会が催されるようになる．政府外務省は鹿鳴館を欧米主義の象徴的存在に位置づけ，上流階級の欧化ぶりを外国要人たちに示すことで，日本の文化水準も欧米並みであることを認識させようとしていた．そこには修好通商条約の不平等を改正させようという目論見があったが，反欧化主義の台頭と，改正反対の世論が強まったこともあり，鹿鳴館時代は 4 年で幕を閉じた．

図 2.4　夜会風景（「綠蓑談」『改進新聞』
1886（明治 19）年 6 月 12 日付）[27]

鹿鳴館時代の外来語の例

　　服飾：ステッキ stick　　　ズボン〈《フランス語》jupon〉
　　　　　　バッスル bustle〈女性のドレスの腰当ての膨らみ〉
　　　　　　フロックコート frock coat　　ボンネット bonnet〈女性・子供用の帽子〉

マントル mantle 〈《オランダ語》mantel マンテル，《フランス語》man-
　　　teau マント〉
　音楽など：ウィンナー・ワルツ Wiener waltz
　　　　　　カドリーユ quadrille 〈社交ダンス，舞曲〉
　　　　　　ホノグラフ phonograph 〈《フランス語》phonogaraphe 蓄音機〉

【メディアと外来語】
　明治初期から中期にかけては西洋文化模倣の時代で，開港した港湾都市や東京は文明開化に一気に染まっていったが，地方の農山漁村の生活習慣は保守的で，急速な変化に対応できずにいた．しかし，明治後期になると新聞・雑誌の発行ラッシュを迎え，欧米文化と外来語は活字を通して広まっていく．
　1914（大正3）年の第一次世界大戦開戦後，日本は農業国から工業国へ移行し，産業が発展していく．それは教育政策にも反映され，識字率が上がったことから，大正中期からは大衆雑誌が次々と創刊されていく．そのため，外来語も活字を通して庶民に浸透していった．
　大正時代は文化・教養のモダン時代といわれるように，新しい「文化」「文化生活」が人々を魅了していった．大正を象徴する流行語として，「デモクラシー」「モボ（モダンボーイ）」「モガ（モダンガール）」が生まれ，教育の普及・拡大で，「モダン語」[28]としての外来語が次々と登場する．
　一方で，ロシア革命の影響を受け，「プロレタリア」「ブルジョア」「サボタージュ」「ハンガー・ストライキ」のような労働運動用語が盛んに使われだす．また，スポーツの発展によってスポーツ用語も増え，外来語辞典が次々と出版されていく．

2.3.2　英語以外の言語に由来する外来語
　「チョッキ」「ボタン」「パン」「ビール」のように，古くに入ったポルトガ

---

27)　出所は，高橋晴子（2007：84）『年表 近代日本の身装文化』三元社．
28)　『モダン用語辞典』（麹町編，1930）には，「アブノーマル，エキゾチック，エロチック，オリジナル，グロテスク，スマート，シンプル，チャーミング，デリケート，ナイーヴ，ナンセンス，ポジティブ，ポピュラー」といった，大正初期から使用された語が収録されている．

語やオランダ語由来の外来語は，明治期にも使用されていた（新しい概念や意味が付与されると，「ビーア（ホール）」のように，英語読みに移行することもあった）．英語以外に，フランス語，ドイツ語，ロシア語，イタリア語などからも，新たな外来語が取り入れられている．

【フランス語】

19世紀，フランス語は，ヨーロッパにおける国際公用語としての地位を築いていた．このため日本では幕末からフランス語外交官養成が急務となり，日本人留学生を送り出していた．

幕末には，横須賀製鉄所（造船所）や生野鉱山に，技能工としてフランス人が雇用されていたが，明治に入ると，海軍・陸軍省の政府雇用に加えて，民間雇用のホテルなどのサービス業職が増えていく．

明治初期から中期には，外務省が外国の賓客や在日外国人高官を招いての晩餐会を迎賓館や外国人向けホテルで開催していく．明治初期の外国人の多くはイギリス人であったが，当時，イギリス本国では晩餐はフランス料理が主流であったため，日本でも公式の場における料理は，フランスの料理人による本格的なフランス料理が供されるようになる．こうして日本では，フランス料理がほかの西洋料理よりも高いステータスを得ていった．西洋料理の普及は，その食材の受け入れだけでなく，その形態や作法にも及び，それは洋風建築の住まいや娯楽にも発展していく．

明治後期になると，外国人居留地や外国人向けホテルで使用人として働いていた日本人や中国人が西洋料理をマスターし，洋食店を開店していく．そこでは入手が困難な西洋野菜のかわりに日本の在来素材が使われ，カタカナ語の料理名とともに，和風の色合いの濃い洋食や中華料理が生まれていった．

フランス語からの外来語は，「メニュー」「コロッケ」「オムレツ」「コニャック」などの飲食関係だけでなく，「アトリエ」「ジャンル」「デッサン」などの芸術関係，「シュミーズ」「シャッポ」「マント」などの服飾関係にも多く，フランス文化が日本人の視覚や味覚の文化作りに大きく影響していった．

【ドイツ語】

外交上の必要性から英語，フランス語に次いで学ばれたのがドイツ語であった．鎖国時代には，洋学はオランダ語によって学ばれていたが，その学術書の

多くは，ドイツ語の学術書をオランダ語に翻訳したものであった．

長崎・出島のオランダ商館では，オランダ医師としてドイツ人のケンペルやシーボルトが滞在し，ドイツの原書をもって医学だけでなく，西洋の科学技術を伝えていた．そのため蘭学者たちは，間接的なオランダ語文献ではあき足らず，ドイツ語を学んでいくようになる[29]．

ドイツ帝国（ドイツ連邦）成立以前のプロイセンは，いち早く工業化が始まっていたイギリス，フランスに比べて国際的地位が低かったため，当初，日本の外交政策では重要視されていなかった．しかし，1860年にプロイセン使節が来日し，翌61年に二国間の通商航海条約が締結されると，ドイツ語人材の養成が急ピッチで進められた．

日本は多くの使節団をヨーロッパ諸国に送り，日本の近代化の道を探っていたが，そうしたなかで，1862年に竹内使節団（文久遣欧使節団）がプロイセンの軍制に日本の将来モデルを見出す．これが1889（明治22）年発布の大日本帝国憲法につながる．日本の近代化はドイツ的近代化といわれるように，日本の近代化には，ドイツ帝国からの学問・知識が大きく貢献していく．

政府のお雇い外国人としてのドイツ人学者たちは，医学，地質学，法学，歴史，音楽，建築，陶磁器，教育，宮中儀典，軍事，と多岐にわたる分野で顧問・教師となった．また，多くの日本人がドイツに留学している．留学生たちは医学，法学，科学分野を中心に大量の学術書を日本へ持ち帰っている．陸海軍の士官候補生は，ドイツ帝国の軍事教育施設で学び，日本陸軍の中核になっていった．そのなかには軍医候補生としてベルリンに留学して，医学や衛生学を学び，のちに文学者になった森鷗外もいた．

ドイツ語からの外来語は，「ガーゼ」「カプセル」「カルテ」や，「エチルアルコール」「ツベルクリン」のような医学・化学関係が多かった．医療用語は，漢語からオランダ語へ，そしてドイツ語へ移行した．また，哲学用語も相当数入ってきたが，一般には広がっていない．

明治期のドイツ語借用例

医学関係：アメーバ，ガーゼ，カプセル，カリエス，カルテ，ザーメン，

[29) オランダ語は，低地ドイツ語と呼ばれるように，ドイツ語（高地ドイツ語）に近い言語であるが，蘭学者にとってドイツ語習得は容易ではなかったようである．

スピロヘータ，ゾンデ，トラホーム
物理・化学関係：エチルアルコール，エネルギー，グリコーゲン，クレゾール，ジアスターゼ，ツベルクリン，ヘリウム
芸術関係：エピゴーネン，クンスト，ドラマツルギー，アーベント
哲学関係：アウフヘーベン，ゼミナール，テーマ，（アンチ）テーゼ，メルヘン

【その他の言語】

ロシア語については，すでに江戸時代にロシアに漂流し，1792年に帰国した大黒屋光太夫によって，ロシアの文物が詳細に紹介されていた．ロシア語からの外来語は，「イクラ」「ウォッカ」「バラライカ」などのほか，1917（大正6）年のロシア革命やソビエト体制の成立により，「アジト」「コルホーズ」「コミンテルン」「トロイカ」「ノルマ」のような社会主義（共産主義）思想の用語が導入されている．

イタリア人のお雇い外国人は少数で，ほとんどが彫刻や絵画教師であった．イタリア語由来の外来語は，「ドレミ」の音階や「オペラ」「ソナタ」のような音楽関係にみられるが，イタリア語から直接入った語は少なく，ドイツ語や英語を通してのものであった．

また，アイヌ語からは，「コンブ」「シャケ/サケ」「シシャモ」などの食品名のほか，「ラッコ」「トナカイ」が借用されている．

明治期のヨーロッパ文化の流入は，1923（大正12）年9月1日の関東大震災を境に変わる．震災後，いち速く大規模な救援活動を行ったのはアメリカで，その支援に親米ムードが高まり，震災復興計画で，建築，上下水道，自動車，鉄道，通信などにアメリカ式を採用したことから，映画，音楽，スポーツなどの娯楽もアメリカ文化中心へと変化していく．

2.3.3 戦時下の外来語言い換え

1937（昭和12）年の日中戦争の勃発後，中国の背後にある英米が敵とみなされ，英語を敵性語として排斥する声が高まっていく．1940（昭和15）年には，「敵性語・敵性音楽」に対する文化統制政策が始まり，音楽やスポーツ用語はもとよりタバコから芸能人の名前に至るまで，英語起源の固有名詞が自主的に改名されるようになる．

2.3 近代における外国語受容

1941（昭和16）年12月に太平洋戦争が始まると，英語は「敵性語」から「敵国語」となり，敵性風俗も排斥されていく．将校を養成する陸軍予科士官学校や陸軍幼年学校など，陸軍関係の学校では入試から外国語が外され，1942（昭和17）年には高等女学校の英語が必修科目から随意科目となった．

また，駅名に併記されていたローマ字や，標示板の「W. C.」「Toilet」「Way Out」「Entrance」といった英語表記も公共施設から消えていく．雑誌名も，『サンデー毎日』が『週刊毎日』に，『ホームグラフ』が『生活文化』のように改題され，日常生活においてアメリカ臭が次々と消し去られていった．

国民スポーツの代表となっていた野球では，「ストライク」が「よし1本」，「ボール」は「一つ」，「ボール・スリー」なら「三つ」，三振アウトは「それまで」というように変更された．バスの車掌は，「オーライ」を「発車」，「バック」を「背々」と呼ぶようになる．

英語の敵性語言い換え例

スポーツ名：打球 ← ゴルフ 　　飛躍 ← ジャンプ 　　雪滑 ← スキー
　　　　　　氷滑 ← スケート 　　送球 ← ハンドボール 　　卓球 ← ピンポン
　　　　　　拳闘 ← ボクシング 　　耐久競争 ← マラソン

野球：ひけ ← アウト 　　よし1本 ← ワン・ストライク 　　よし ← セーフ
　　　よし2本 ← ツー・ストライク 　　だめ ← ファウル

ゴルフ：打棒 ← クラブ 　　基準数 ← パー 　　砂地 ← バンカー
　　　　鳳 ← ホール・イン・ワン

ボクシング：時鐘 ← ゴング 　　直打 ← ストレート 　　打倒 ← ノックアウト
　　　　　　鍵打 ← フック

交通：停車場 ← ステーション 　　乗降廊 ← プラットホーム
　　　円交路 ← ロータリー

音楽：堅笛 ← クラリネット 　　鋼琴 ← ピアノ

レコード会社：富士音盤 ← キングレコード 　　日蓄 ← コロムビアレコード
　　　　　　　大東亜 ← ポリドールレコード

その一方で，中等・高等教育機関，職業学校，陸海軍の士官学校などでは，外国語（英語）の修得は必須とされ，英語教育は縮小されることなく，英語教科書も数多く発行されていた[30]．

また，すでに常用語化していた「マッチ」「ラジオ」「ニュース」などまで改

称するのは事実上不可能であり，言い換えによってかえってことばが難しくなる場合もあることなどから，外国語（英語）起源というだけですべて改称するのは過剰であるとする声もあった．

2.4 現代における外来語受容

敗戦後の日本には，アメリカ文化とそれに伴う英語由来の外来語が大量に流入してきた．高度経済成長期を経て，国際化していくなかで，外国語教育，特に英語教育の必要性が高まっていく．それとともに，カタカナ語や外国語の過剰な使用が問題視されている．

2.4.1 英語化する社会
【敗戦とカタカナ英語】

第二次世界大戦後の日本は，はじめての敗戦という屈辱感とすべてを失った喪失感が社会を覆っていた．占領下の厳しい食糧難のなかで，空腹の子どもたちが連合国軍総司令部（GHQ）の進駐軍アメリカ人兵士に「ガム，プレゼント！」「ギブ・ミー・チョコレート！」とねだり，ジープから道端に放り投げられる甘い菓子に群がって奪い合った．大人は「ハロー，シガレット！」と兵士に近寄り，「ラッキー・ストライク」や「キャメル」という米国産たばこにいやしを求めた．また，パンパンと呼ばれる街娼が進駐軍兵士に用いる片言の英語「パングリッシュ」も底流していた．いずれも生きるために見様見真似で英語を使ったものであった．

GHQ は日本の民主化と生活改善を目的として，政治・経済から科学，教育，余暇のすごし方等々まで，さまざまな分野の映画を制作し，1947（昭和22）年から1951（昭和26）年の平和条約調印までの間，農村部を中心に全国くまなく巡回上映していた．

---

30) 鳥飼（2011）は，「当時の政府は英語教育について『二重の基準』を設けて」おり，「一般国民に対しては米英への敵愾心を煽る」一方で，「中等教育以上のエリートたちに対しては，国の将来を背負って立つリーダーとして育て上げるため，（中略）きちんと英語教育を行っていた」と述べている．

映画には，見たこともない七面鳥やステーキなどの料理が並ぶ食事風景や，立派な家具や家電製品を置いた広い居間や台所，質のよい衣服や大きな車が映し出された．GHQは実質的にはアメリカの機関であったこともあり，映画内容のほとんどがアメリカの素晴らしさを紹介するものであった．映画を通してアメリカへの憧れは募り，豊かさの象徴としての英語音が刷り込まれ，その後の日本人のアメリカ信仰を方向づけていく．

GHQの政策は都市の言語景観も英語に塗り替えていく．交通標識や駅などの公共施設だけでなく，個人商店も自ら英語の看板を掲げ，町中に「横文字」があふれていく．戦時中の英語抑制時代への反動もあり，勝者の豊かな国のことばを学べば，きっと明るい未来があるに違いないと，人々は英語学習にかりたてられていった．

終戦直後の1945（昭和20）年9月15日に出版された，わずか32ページの小冊子『日米会話手帳』（小川菊松，化学教材社）は，350万部も売り上げ，戦後初のベストセラーとなった．また，同年9月19日にNHKラジオ放送で始まった『実用英語会話』はいきなり人気番組となり，第1集のテキストの発行部数は35万部を記録した．

英語は日本人に民主主義の国のことばとして認識されるようになる．そのきっかけとなったのは，NHKラジオが1946（昭和21）年2月から5年間にわたって放送した『英語会話』である．これはGHQの英語教育普及政策と国民の英語学習需要に応える番組であったが，ユーモアを織り交ぜ，デモクラシーを明るく届ける，肩の凝らない番組内容が国民各層に支持されて一世を風靡した[31]．1947（昭和22）年には新制中学に英語教育が導入されたことも拍車をかけ，占領下の英語学習ブームは，英語辞書を品薄にし，英会話講習会や英会話塾が開設されると，すぐに満員になる，というものであった．

【テレビとカタカナ語】

1955（昭和30）年の流行語となった「三種の神器」は，白黒テレビに電気

---

31) ラジオ『英語会話』は，「証誠寺の狸ばやし」の軽快なメロディーにのせて「Come Come Everybody」と歌われたテーマソングから，「カムカム英語」と呼ばれた．毎週月曜から金曜まで午後6時から15分間の放送であったが，楽しく学ぶ番組構成が人気を呼び，最盛期のテキスト販売部数は50万部を記録している．

洗濯機，電気冷蔵庫という，庶民のささやかな夢であった．その約10年後の1966（昭和41）年になると，カー（車），カラーテレビ，クーラーの「新三種の神器」（頭文字をとって「3C」ともいう）が新たな憧れの対象となり，1960年代の高度経済成長期の大衆消費文化を作っていった．

　NHKテレビと日本テレビが本放送を始めた1953（昭和28）年以降，テレビ放送局が次々と開局するが，初期のテレビ番組は制作体制が十分でなかったことから，プロ野球やプロレス，大相撲などの中継ものが主で，民放テレビのプライムタイムはアメリカのテレビ映画で埋められていた．

　1956（昭和31）年4月にラジオ東京（現TBS）がテレビ放送を開始し，米国製テレビ映画『カウボーイGメン』を放映したのを皮切りに，民放テレビは『スーパーマン』『名犬リンチンチン』『アイ・ラブ・ルーシー』『名犬ラッシー』『ローンレンジャー』を放映し，これらすべてが人気番組となった．1959（昭和34）年にNET（現朝日放送）で始まった『ローハイド』や1960（昭和35）年の『ララミー牧場』は大ヒット番組となる．こうしてアメリカ大衆文化の茶の間への浸透とともに，新聞のテレビ欄はカタカナ語のオンパレード時代に突入する[32]．

　1962（昭和37）年には，ボードビリアンのトニー谷が司会する視聴者参加型番組『アベック歌合戦』で使われた「トニーグリッシュ」が流行している．これは，谷がそろばんを楽器のように弾きながら「レディス・アンド・ジェントルメン，エンドおとっつぁん，おっかさん」「グッドイブニング，おこんばんは」と，日本語に簡単な英語を混ぜるもので，日本人の英語使用願望を風刺するものであった[33]．

　ラジオでは，「DJ」が英語でヒット曲を紹介する深夜放送の洋楽番組が若者たちに支持され，日本の音楽界に大きな影響を与えていく．

　1966（昭和41）年にビートルズが来日すると，彼らの髪型から演奏スタイル，

---

[32] 1960（昭和35）年にカラー本放送が始まり，1964（昭和39）年に東京オリンピックが人工衛星を使って世界ではじめて衛星中継されたことから，テレビは茶の間にいながら日本語で国内外の情報をリアルタイムで摂取できる文明機器となった．

[33] 日本人の英語使用願望を自虐的に笑いに変えるものとしては，2007（平成19）年頃にも，タレントのルー大柴が，「トゥギャザーしようよ」「ストーンの上にもスリーイヤー」のような，初級英単語を混ぜて話す「ルー語」を流行させている．

2.4 現代における外来語受容

ステージングまで模倣したGS（グループサウンズ）が次々と誕生し，「ブルーコメッツ」や「ザ・タイガース」「ザ・スパイダース」といったカタカナ名を持つグループが，英語交じりの歌詞で「和製ポップス」を生み出していく．

1980年代，テレビは一家に1台から，一部屋に1台となり，民放はスポンサー企業が惜しげもなく注ぎ込む宣伝広告費を背景に番組制作の全盛期を迎える．ワイドショーからトレンディードラマ，料理，紀行クイズ，幼児教育番組まで，体験型海外レポートや海外ロケがふんだんに盛り込まれ，常に新しさを追い求めることを課せられたテレビは，カタカナ語を刺激的に発信していった．

番組を提供する企業は，世界戦略として，漢字の企業名をローマ字や英語読みのアルファベット表記に変え，テレビCMや提供クレジットでも英語母語話者のナレーションで英語の企業スローガンやキャッチコピーを流し，国際的企業イメージを作り出すようになっていった[34]．

新しい商品には，新しい響きやイメージが必要となるため，企業は新商品名に外国語や外来語を採用するようになる．車の名前から，化粧品，ビール，タバコの銘柄まで，贅沢品や嗜好品のネーミングには，英語やカタカナ語が欠かせなくなったが，それが飽和してくると和名に回帰して造語し，それに新鮮さが薄れると，次の新奇さを求めて英語以外の外国語からも借用するというパターンが定着した．

国内向け商品パッケージやTシャツなどにもデザインとしての英語が使われるようになり，その文章が意味不明でも，英語は旧来品をあか抜けさせるおしゃれな表現手段となっていく．

1990年代以降，インターネットの普及で若者のテレビ視聴離れが進んでいるが，高齢者にとってはテレビが依然として気軽な娯楽であり，情報源である．しかし，テレビが多用する外来語や外国語がよく分からず，情報摂取が不完全になり，これがストレスや苦痛を与えているのも事実である[35]．

2000年代になると，「英語化する日本社会」は深化し，英語の流入は着実に増えている．英語教育の浸透で，カタカナ表記もできるだけ原音に近づけた表

---

[34] たとえば，鐘紡化粧品は，「カネボウ化粧品」から「Kanebo」となった．なお，同社のキャッチコピー「For beautiful human life」は，「不思議」な英語として，英語教育関係者から批判を受け，「FEEL YOUR BEAUTY」に変更されている．

記が取り入れられ[36]，特に横書きに慣れ親しんでいるデジタル世代およびIT世代は，日常で英語のまま日本語文のなかに混ぜて使うようになってきている．

【時代が求めるカタカナ語】

1960年代にアメリカでウーマンリブ運動が活発化し，1970年代後半からはフェミニズム運動が世界に広がっていった．そして，男女区別のない職業やことば遣いが提唱されていく．

日本では1986（昭和61）年に男女雇用機会均等法が施行され，1990年代には，「看護婦」や「スチュワーデス」などの職業名が「看護師」や「客室乗務員/CA（キャビンアテンダント）/FA（フライトアテンダント）」と言い換えられた．そしてこの時期，新たな役職名や専門職種として多数のカタカナ語職名が生まれている．

1980年代以降のカタカナ語職業名の例

アテンダント，アナリスト，アルピニスト，インストラクター，
エステティシャン《仏》，オペレーター，カウンセラー，
（グラフィック）デザイナー，クリエーター，（ケア）ワーカー，
コーディネーター，コンサルタント，コンシェルジェ《仏》，
（システム）エンジニア，（シナリオ）ライター，スタイリスト，
セラピスト，（タイム）キーパー，（ツアー）コンダクター，ディレクター，
テレホンアポインター，トレーダー，トレーナー，バイヤー，パフォーマー，
フリーター，プログラマー，プロモーター，ヘルパー，（ホール）スタッフ，
マネージャー　　　　　　　　　　《仏》は，フランス語に由来するもの

高齢社会が加速するなかで，医療・介護関連においても，新しい治療概念やシステムを動かしていくにはカタカナ語がなくてはならないものになっている．「セカンド・オピニオン」「ターミナルケア」「ホスピス」「デイリーサービ

---

35) 2013（平成25）年6月には，71歳の男性が「公共性のあるNHKが番組名や番組内で外来語や外国語を乱用し，精神的苦痛を受けた」「憲法で保護された知る権利を侵害している」と名古屋地裁に提訴している．しかし，翌2014年の判決では，外来語の乱用はなく，「制作編集の自由を著しく逸脱したり，原告の権利を侵害したりしていない」として，この訴えは棄却された．4.1, 4.6節も参照．

36) 日本では，外来語のカタカナ表記の拠り所（「外来語の表記」（1991年内閣告示・訓令））はあるものの，外国語・外来語の法的使用規制はなく，外来語の用い方は送り手の価値判断に委ねられており，外来語の問題については新語と同じように淘汰を待つ，という緩やかな言語管理政策が続けられている．

ス」から,病原名・病名の「サルモネラ」「ピロリ菌」「アルツハイマー」「HIV」「O-157」「SARS」,さらには「ヘルスケア」のための「サプリメント」に,「イソフラボン」「コラーゲン」「ポリフェノール」「DHA」「IPA」等々,難解な専門用語が次々と出てきている.これらは,健康維持のための呪文のように,はじめは理解できなくても感覚的にとらえられ,マスメディアの連呼によって,一般化してきている.

1990年代にはコンピューターがビジネスに欠かせない道具として定着し,家庭にも一気にパソコンが普及した.高度情報化時代への突入に伴い,大量のコンピューター関連のカタカナ語が使われるようになる.

【カタカナ語の増加とそれに対する見方】

戦後復興期から1960年代の高度経済成長期の日本は,欧米並みの生活水準になることを労働目標とし,アメリカナイズされた文化生活を目指していた.

国家の威信をかけて開催された1964(昭和39)年の東京オリンピックから1970(昭和45)年の大阪万国博覧会開催までは,日本の第二の開国期ともいわれる.この「国際化」の流れは,外来語の「洪水」「氾濫」状態を起こすとともに,外来語は日本語を乱すので使うべきではないという国語純化を望む声を引き起こしている.

このような動きに対して,外来語研究者の荒川惣兵衛は,「日本民族全部が外来者であり,日本語は外来要素の混淆によって成立したものであると歴史は教える.したがって,いまさら外来語排斥はおかしい」「外来語というのは外国語が国語化したもので,国語なのだから,外来語を排斥するということは,とどのつまり,国語を排斥すること」になり,「英語はもっとも多く外来語を含んでいる言語だからこそ,世界でもっとも広く用いられている」と反論している(あらかわ,1967).

戦時中から外来語を研究してきた楳垣実は,日本人を「外来語愛好国民」と呼び,「外国文化の影響下に長く置かれてきたため,外国を崇拝する気風や舶来を尊ぶ気持ちが国民の心に深く植え付けられているから,その外来語好きは一朝一夕に変わるはずがない」とみている.また,外来語の受容については,「ことばは文化の高い国から低い国へ流れ込む」「この文化水準の高下という根本的原則以外に,社会的欲求と心理的な欲求の力強い支持」が得られるかどうか

で決まると分析している（楳垣編著，1966）．

　1970年代になると，科学技術の進歩とともに専門的な外来語が増え，外来語の氾濫は日本語の堕落だから，外来語を追放すべきだという声が再び起こる．これに対して，日本研究者・社会人類学者で親日家として知られるハーバート・パッシンは，外来語の摂取は日本語の創造的展開にとって必須であり，歓迎すべきだと主張している．パッシンは，「古い日本語のパターンでは，もはや今日の日本社会の思想や感情を表現しきれなくなっている」「日本語の語彙は遠からず完全に国際化するだろう．欧米諸言語は，主に英語を媒介として，全面的に日本語の中に取り込まれることになるだろう」，なぜなら，「過去に中国語が漢字を媒介として完全に日本語の一部となったように，英語の語彙も中心をなすものすべてが日本語に吸収されてしまうだろう．中国渡来の言葉は，このさきも日本語の重要な一部として残るはずだが，その多くは英語に取って代わられるであろう」と述べている（パッシン，1982）．

　日本経済の最盛期といわれる1980年代，特にその後半から1990年代初頭のバブル経済期には，外来語も爆発的に増えていく．言語学者の鈴木孝夫は，外来語は日本人の生活が常に変化に富む色彩ゆたかなものであるとしながらも，「最近のカナ書き外来語の急増ぶりは，ただただすさまじいの一言に尽きる」（鈴木，1990）と記すほどである．物質的に満たされた日本人は世界のさまざまな文化を取り込み，それがうわべだけのものだとしても，国際化の精神的活力としていった．

　バブル経済がはじけても外来語増加の勢いは止まることなく，首相の施政方針演説から市役所の広報誌まで，一般を対象とした文書にも専門的な外来語があふれてきた．これに業を煮やした当時の小泉純一郎厚生大臣は，「子どもやお年寄りがわからないカタカナ語を使うべきではない」とし，1989（平成元）年と1997（平成9）年に「用語適正化委員会」を設けてカタカナ語削減に乗り出し，2001（平成13）年に首相になると「外来語の言い換え提案」を取りまとめさせた．

　また，マスメディアが新しい外来語を頻繁に用いることに対し，新聞の投書欄などには異論を唱える意見もたびたびみられる．英字新聞にも，日本に赴任したばかりの外国人特派員記者の，「メード・イン・ジャパン英語」は変だと

する記事が定番となり，日本語学習者からも「和製英語」[37]は理解に苦しむという投稿などが載るようになる[38]．

【英語化に対する見方】

英語は，戦後，国際機関・組織の公用語に組み込まれただけでなく，科学技術から，医学，研究，ソフトウェア，スポーツ，国際ビジネス，運輸，外交，ニュース報道，娯楽，そして盲導犬訓練まで，あらゆる分野において最も権威あることばになった．アメリカのドルは世界を動かす基軸通貨として不動となり，インターネットによる米国発情報量の多さを強みに，英語はグローバル経済の国際共通語としての地位を確立し，英語が世界を支配するようになってきている．

英語ができないと「よい生活」「よい人生」が送れないとする英語至上主義的な価値観が広がり，少数言語話者が母語を捨てて優勢言語である英語に乗り換えたり，世界各地の非英語国で早期英語教育が強化されたりしてきている．

こうした英語覇権に，イギリスのロバート・フィリプソンは，英語の優位性はほかの言語との間に不平等をもたらしており，英語だけでなく英語文化のみによる支配に文明の進歩はないとして，英語の世界的拡大とその支配集団（英語母語話者集団）の「言語帝国主義」に一石を投じた（Phillipson, 1992）．

日本では，津田幸男らが，日本人が英語に従属していることに警鐘を鳴らし，このままでは日本語が滅びると懸念する意見も出ている（津田, 2006）．しかし，アメリカ化を肯定的に受け入れてきた日本では，英語支配による言語不平等への危機感も弱く，むしろ世界に通用する「グローバル人材」育成が緊急の課題であり，国際社会から取り残されてはならないとする考えから，英語教育・英

---

37) 和製英語（Japanized English loanwords）という名称は，「和製」よりも「英語」に重きがおかれ，日本語ではなく，英語としてとらえられがちである（これらは，正確には，「和製外来語」というべきである．1.2.2項参照）．

38) たとえば，1995年2月21日付 *The New York Times, International* 版には，日本人は外国から米や車を輸入したがらないが，アメリカから英語を輸入するのは大好きなようだとし，「シルバーシート」「パトカー」「ロマンスグレー」等々を挙げて，和製英語の氾濫ぶりを皮肉る記事がみられる．2003年1月4日付 *The Japan Times Weekly* には，国立国語研究所が外来語の分かりやすい言い換えを検討していることに関連して，「デジカメ」の「カメ」は「カメラ」か「亀」か，なぜ「従業員」ではなく「スタッフ」というのかなど，カタカナ語の難しさを嘆く記事が載せられている．

語普及に拍車がかかっている[39]．

【英語のカタカナ語化】
　カタカナ語には，従来の日本になかった概念，モノ，コトを容易に取り入れるという働きだけでなく，新しさを表したり，社会を刺激したりする機能がある．カタカナ語は，また，ことばの微妙なニュアンスを表す選択肢を増やし，婉曲的な表現に用いられたりしている．「借金」を「ローン」，「ごみ置き場」を「ごみステーション」などというように，従来の語の持つ直接的でよくないイメージを，カタカナ語によって覆い隠したり，軽減したりすることができる．
　英語を日本語化する際には，英単語の持つ意味をすべて取り入れるのではなく，一つの意味だけを採用する傾向がある．原語の意味とは異なる「和製英語」の代表として知られる「スマート」は，英語（smart）では，「頭がいい，利口な」が第一義であるが，日本語化の過程では，「身なりがきちんとした」「洗練された」という意味もあることに着目し，服装にかかわる体型に焦点を当てて，「体つきが細くすらりとして恰好がよい」という意味で取り込んでいる．ほかにも，iron〈鉄〉が「アイロン」，cunning〈ずるい〉が「カンニング」，machine〈機械〉が「ミシン」，mansion〈大邸宅〉が「マンション」，cider〈りんご酢〉が「サイダー」，trump〈切り札〉が「トランプ」になった例などがある[40]．
　しかし，こうした「和製英語」は，英語教育の妨げになるとして，たとえば，「スマート」は「スリム」や「スレンダー」に言い換えられるなどしている．こうした言い換えは，日本語化された「和製英語」を劣ったものとして位置づけている．
　意味拡大としては，「カー」という外来語は，従来「自動車」という意味で使われていたが，電車の車両や乳母車などにも使われるようになってきている．一方で，「和製英語」である「ベビーカー」を，米語風に「ベビーバギー」に改めようとするメーカーの動きなどもある．
　生活に定着したカタカナ語（外来語要素）は，漢字の複合語と同じように次々と新しいことばを生産していく．たとえば，「マイ」（私の）に「カー」を加え

---

[39]　2000年代には，企業の国際戦略により，社内公用語に英語を採用する動きが起こった．
[40]　1.2.3, 2.1.3項も参照．

て「マイカー」などと造語され,さらに「マイ箸」のような混種語も生まれている.

外来語要素による造語の例
　　ノー〜：ノーカット,ノーギャラ,ノータッチ,ノーネクタイ,ノーメーク
　　ノン〜：ノンカロリー,ノンキャリア,ノンセクション,ノンステップバス,
　　　　　　ノンプッシュ
　　マイ〜：マイバッグ,マイブーム,マイページ,マイペース,マイホーム,
　　　　　　マイボトル
　　ワン〜：ワンクッション,ワンタッチ,ワンパターン,ワンボックスカー,
　　　　　　ワンマンカー,ワンルームマンション
　　〜アップ：イメージアップ,グレードアップ,ベースアップ,リストアップ
　　〜サービス：アフターサービス,タイムサービス,デイサービス,
　　　　　　　　ポイントサービス,モーニングサービス
　　〜ダウン：アップダウン,スピードダウン,プライスダウン,レベルダウン
　　〜ハウス：ケアハウス,セミナーハウス,ビニールハウス,ライブハウス

　また,日本語では3拍か4拍の語が安定することから,長いカタカナ語は,「アプリ」(アプリケーション)や「リモコン」(リモートコントロール)のように短縮されやすい.これがさらにことばの経済性を追求すると,「DK」(ダイニングキッチン),「LDK」(リビングダイニングキッチン),「NGワード」(「NG」は no good),「GS」(ガソリンスタンド),「SS」(サービスステーション)のような頭字語(ABC略語)となる[41].

　このような「イニシャル」型は漢語や和語にも応用され,「NHK」(日本放送協会)や「YKK」(旧名・吉田工業株式会社から)のような企業名や,2000年代後半の「KY」(空気読めない)や「JK」(女子高生)に代表されるような,隠語のような使われ方も発生している.

　さらに,外来語要素と和語・漢語要素とを組み合わせて,「がんばりスト」(がんばり+ィスト-ist),「飲みニケーション」(飲み+(コミュ)ニケーション),「般ピー」((一)般+ピー(プル)),「どっと込む」(ドットcom)といった,掛詞か語呂合わせのようなことば遊びも生まれている.

---

41)　2.1.3項も参照.

2.4.2 英語以外の言語の影響

日本の新聞，テレビなどマスメディアが発信する海外ニュースは，アメリカに偏りがちであるといわれる[42]．外来語も，このニュースの発信量を反映して，アメリカ英語に由来するカタカナ語が多い．近年，非英語圏からの情報が増えてきているとはいえ，英語以外の外来語流入はそれほど増えていない．

【ラジオ・テレビ語学講座】

1925（大正 14）年に NHK ラジオ放送が開始され，その後，ラジオは広く一般に英語教育番組を提供するようになった．1952（昭和 27）年には短期講座でドイツ語，フランス語，スペイン語，中国語の各入門講座が開講され，さらに 1956（昭和 31）年にはイタリア語，ロシア語入門が開講されている．追ってテレビでも，『英語会話』をはじめ，『やさしいドイツ語』『やさしいフランス語』が始まる．

英語は学習者数の拡大で，各レベルの細分化が図られたのに比べ，ドイツ語，フランス語，スペイン語，中国語，ロシア語など，その他の大言語は，入門または初級レベルが中心で，その言語使用国の最新文化事情を学ぶ異文化理解教材としての色合いが強い．

2000 年代になると，中国，韓国が世界経済に影響力を増すにつれ，中国語やコリア語学習者が増えていく．特に，2003（平成 15）年に韓国ドラマ『冬のソナタ』（NHK テレビで放映）の大ヒットで，韓流ブームがわきおこり『ハングル講座』も大ヒットする．

言語の拡大要因には，その言語が使われる国・地域の経済力，軍事力，文化力などがある．政治も言語学習に及ぼす影響が大きいが，経済が最も大きい要因となる．今日，アジア各国が目覚しい発展をとげ，域内共通語は中立的な言語である英語となりつつある．そのためアジアの躍進は，地理的にも遠いヨーロッパ言語への学習意識を縮小させてきている．

たとえば，ドイツ語については，1990 年代にドイツ本国で東西ドイツ統合

---

42) 御堂岡潔によれば，1990 年代のテレビでは，海外関連ニュースのうち，約 3 割がアメリカ関連であり，ニュース以外のフィクション，ノンフィクション番組に登場する外国の 3 分の 2 をアメリカが占め，外国人のうちアメリカ人が半数を超えていたという（御堂岡，1997）．

による負担から景気低迷が続いたことから、世界中でドイツ語離れが起き、日本のドイツ語学習者数も激減した．これは，2000年代初頭にはドイツ語教師失業問題にまで発展した．それが，2008（平成20）年のリーマンショック後に，ドイツが欧州のなかではいち早く経済復活したことから，欧州連合域内ではドイツ語学習者が増加している．しかし，日本では，世界的な英語優位の風潮のなかで，フランス語をはじめとする欧州言語と同様，ドイツ語学習者はそれほど増えていない．

このほか，ラジオ・テレビの語学講座では，アラビア語，ポルトガル語のほか，広東語，タイ語，トルコ語，ネパール語，ヒンディー語，ベトナム語，マレー語というようにアジアの言語も取り上げられるようになってきているが，多くは短期集中講座である．日本人の言語に対する意識が多様化してきたとはいえ，これらの国・地域は日本以上に英語教育が浸透していることなどから，各地の言語文化は英語を媒介に紹介され，英語文化のフィルターを通して日本語に借用される傾向にある．

【食とカタカナ語】

1949（昭和24）年にユニセフの給食が始まり，1957（昭和32）年にNHKで料理番組『きょうの料理』の放送が開始されてから，「ビタミン」や「カルシウム」といった栄養素や外来食材名が次々と紹介されている．

1958（昭和33）年に日清食品の「チキンラーメン」が大ヒットし，1960年代には「インスタントコーヒー」や「インスタントだし」など「インスタント」食品ブームとなる．

1971（昭和46）年にはカップヌードルが発売され，日本マクドナルド第1号店がオープンしファストフードが広がった．1974（昭和49）年にコンビニエンスストアが登場，1980年代初頭には電子レンジが普及する．経済が上向きで活気があるときは「はやいことはよいこと」とされ，なにごとも「速く，早く」とせかされる時代に突入する．

バブル期には，世界の高級料理・珍味を食す「グルメブーム」が起こる．1983（昭和58）年に連載が始まった人気漫画『美味しんぼ』（雁屋哲原作，花咲アキラ作画，小学館）には，各国の食材や料理名，酒類のカタカナ語があふれ，時にはフランス人のつぶやきが7ページにわたってフランス語で掲載され

るなど，フランス語に精通していることが美食家の条件というステレオタイプ化が強化されていく．食通は原音で料理名を語る，というように，外国の食文化と外国語との一体化が進んでいった．

　1990年代にテレビ放映された高視聴率番組『料理の鉄人』(1993〜99 (平成5〜11) 年，フジテレビ系) では，各国料理や調理方法の解説にフランス語やイタリア語由来のカタカナ語が飛び交い，高級中国料理名も漢字の原音 (現地音) 読みで連呼された．

　こうした飽食の時代にはダイエット食品も流行し，ローカロリーのアジアのエスニック料理が，その食材名や料理名とともに庶民の食生活にも入り込んできた．高級飲食店では原語メニューが，大衆レストランでは原音読みのカタカナ語メニューがあふれていった．

【漢字圏の人名のカタカナ表記】

　外国の地名・人名については，原音読みに近づけたカタカナ表記が原則であるが，中国・台湾の人名については，相互主義の考え方で運用され，中国の簡体字は日本の通用字体に置き換え，音読みで読む「漢字表記・日本字音読み」が慣用されてきた．

　韓国人漢字名は，韓国政府の要望に応え，1984 (昭和59) 年から原音 (韓国・朝鮮語) 読みに近づけたカタカナ書きが始まり，漢字併記を残しているとはいえ，この四半世紀で韓国，朝鮮人名の原音読みが定着した (ただし，スポーツ選手や芸能人については，一般にカタカナ書きのみで，漢字を併記しない)．

　2000年代初頭には中国が国際社会に台頭し，英語での中国情報が多数出てくるようになった．それに伴い，英語やローマ字表記された中国人名が日本人にはわからないという不利益が生じてきたため，2002 (平成14) 年に朝日新聞がメディアの先頭を切って中国，台湾人の漢字名を，中国の標準語 (北京語) 読みとし，片仮名書きにした．2011 (平成23) 年には読売新聞も「中国標準語に近いフリガナ」で原音読みを採用している．

　とはいえ，メディアの足並みは揃っておらず，NHKや民放は「漢字表記・日本字音読み」の原則を通し，原音読みに慎重である[43]．このため，たとえば習近平 (Xi Jinping) 国家主席なら，「しゅうきんぺい」(毎日，共同通信ほか)，「シーチンピン」(朝日)，「シージンピン」(読売) と3通りの読み方が存在し

ている．こうした読み方（表記）のゆれを早く統一すべきであるといった声は年々大きくなっている．しかし，多くのマスメディアの用語使用方針は，先取りはせず，ことばの変化に半歩遅れてついていくことであり，情報の受信者の混乱を避けるために，状況を見極めていくことが共通認識となっている．

その一方で，国際的に活躍する中国人のスポーツ選手や芸能人，作家などの文化人は原音読み・カタカナ書きが浸透してきており，漢字名を原音読みする動きは拡大しつつある．

国内の在留管理制度でも，2012（平成 24）年から，在留カードの外国人氏名欄には，原則として旅券のアルファベット（ローマ字）も記すことになり，日本字音読みから原音読み環境に進んでいる[44]．

しかし，中国人名の原音読みに関しては，そのカタカナ表記に混乱がみられる．これについては，1990 年代後半から日本語読みルールの策定が急務だとされ，ウェブサイトなどでもさまざまな表記検索システムが開発されてきているが[45]，現在のところ公的な基準はない．

英語が牽引したグローバル化の進展は，英語母語話者とはやや異なった「世界諸英語」（world Englishes）の尊重と，異言語・異文化間の相互理解の必要性を再確認させている．世界は，母語と国際共通語あるいは地域共通語の二言語併用人材の育成を強化し，多言語併用社会へと移行しつつある．長い間日本語だけで事足りていた島国の日本人にとって，複数言語話者になるのは容易なことではない．しかし，そのつなぎとして部分的な外国語や外来語を用いていくことは，多言語使用社会への助走となるであろう．　　　　　［岡本佐智子］

---

43) NHK は，1948（昭和 23）年から原音読み（カタカナ・漢字併記）を実施したが，煩雑で読みにくいと視聴者の反対にあい，5 年足らずで取りやめた．民放各社も「漢字表記・日本字音読み」に戻している．しかし，学校教育では，「地名」の原音読み・カタカナ表記が続けられている．
44) 日本語教育関係では，日本語学習者の希望に沿って，早くに原音読みが行われていた．
45) たとえば，平凡社のウェブサイトに，中国語を知らない人でもカタカナ表記ができる「中国語音節表記ガイドライン」が提供されている．また，謝信之は，中国語式（ピンイン）ローマ字を「中国語式」発音として意識化させる試みを行っている（謝，2002）．

3 外国語に借用された日本語

　日本語語彙のなかに諸外国語からの借用語が存在するのと同様に，外国語のなかに日本語由来のことばが取り込まれ，借用語（外来語）として語彙体系の一部を構成している．

　このような「日本語に由来することば」が外国語の語彙体系のなかでどのような存在となっているのかを探究するのは，古くて新しいテーマである．また昨今では，さまざまなメディアによって，日本の現代文化が国境を跨いで普及・拡散しているという情報がもたらされ，日本文化や日本語のグローバルな展開に関心を持つ人も増えていることであろう．

　本章ではこの問題を，まず英語を材料にして考えてみようと思う．英語は，日本人一般にとっておそらく最も身近に感じる外国語であると同時に，近代以降の日本語の語彙体系のなかに多くの借用語を産み出している来源でもあり，言語接触という観点からも群を抜いて注目すべき言語だからである．

　そして，その次に，中国語を取り上げてみたい．いうまでもなく中国は，日本との地理的な近さもさることながら，歴史的にも文化的にも長くて深い交流関係を持ってきた国である．言語的にも，その類型論的な相異にもかかわらず，文字文化を中心に日本語が中国語から受けた影響は測り知れないものがある．また，近代以降の両言語の交流にも注意が必要であろう．

　本章では，考察対象とする二言語で使用されている専門語に配慮し，かつ日本語研究の潮流にも合致するように，「外国語に借用された日本語」のことを「日本語借用語」と呼ぶことにしたいと思う[1]．この点は，3.2.2項で改めて述べる．

3.1 日本語借用語の範囲

3.1.1 外行語・国際日本語

　欧米諸語に日本語由来のことばが移入されて流通するようすは，その逆に「借用語（外来語）」を自国語の体系に持った日本人にとって，気になる存在であった．なかでも，三輪卓爾という人物において，その志向は顕著であった．

　　ここでとり上げてみたいと思うのは，外国語の中に入っていって，その国語の中で通用している，日本語由来のことばである．いま当の外国語，たとえば英語を主体にしていうのならば，geisha や hara-kiri は，それぞれ日本語の「芸者」や「腹切」からきた外来語だ，といえばよい．しかし，逆に日本語を主体とした場合の呼び名を探すとなると，じつは私には名案がない．外来語の別名に「帰化語」・「借入語」・「輸入語」などというのがあるのを参考にして，こころみに「移民語」「貸出語」「輸出語」などとならべて見ても，どうもしっくりしてくれない．（中略）

　　さりとて副題[2]のように長くなっても不便なので，このあとの本文では「外来語」に対してかりに「外行語」と呼んでおくことにしたいと思う．「がいこう」には「外交」など同音異義語があって，かならずしも感心しないのだが，〈外から来た〉ものに対するものは〈外へ行った〉である，というくらいの意味である．（三輪，1970a：80）

　三輪は，戦後の「外国語（西欧語）に借用された日本語」の研究における先駆けであった．彼のこの問題への言及は，さらにさかのぼって1959年から始まっている．ともあれ，三輪の筆勢はなおも続く．

　　この種のことば[3]については，日本人としてだれしもある程度の関心は

---

1) 英語研究では，"Japanese Borrowings"（Cannon, 1981），"Japanese Loanwords"（Evance, 1997）など．一方中国語では，「日語借詞」（孫，1957）「日語来源的外来詞」（高・劉，1958）に代表される．また，近年の研究である沈（2008）では，「日本語借用語」が訳語として用いられている．
2) 「西欧語における日本語由来の借用語」のこと（筆者注）．

持てるであろう．だがしかし，それをいくらかでも組織的に集めてみようという試みに，単なる物ずき以上の，何らかの意味があるものだろうか．もしあるとするならば，それは今日の日本語の中できわめて大きな問題である外来語というものについて，裏から眺めて見る一つの材料が得られるという点であろう．

　　（中略）ことばについても，さまざまな形や程度で「郷に入っては郷に従」っているであろう「旧姓・日本語（née Japanese）」とでもいうべきものの実態を眺めて見ることが，量や質の上での差をこえて，私たちを悩ませている西欧生まれの外来語に対する態度を考えてゆく上で，何かの役に立ってくれるはずだと期待しても，あながち楽観的すぎることにならないであろう．（三輪，1970a：81）

　三輪卓爾は，自身の命名となる「外行語」を一つの媒介として，日本語が直面していた「外来語（洋語）」問題へのアプローチを図ろうと考えていたのである．とはいえ，この「外行語」ということばが専門語として定着し普及することはほとんどなかった[4]．物語風に述べれば，三輪が専門の「研究者」ではなかった（本業は内科医）ことや発表メディアが限られていたことなど，その理由のいくつかに思いいたるが，どれも推測の域を出るものではない．また，三輪がどうしてこのテーマを研究し始めたのかも不明な点が多い．

　「外国語（西欧語）に借用された日本語」に与えられた呼称は，この三輪の「外行語」だけではない．その他の名称として代表的な例は，次の原口庄輔・原口友子の「国際日本語」であろう（原口・原口，1998）．

　　日本語でありながら，英語文化などの国際社会で通用している日本語がある．そのような日本語を「国際日本語」と言うことにしよう．もとは日本語であっても，日本語というよりも，英語化し，国際化しており，発音も，時には意味も妙に異なっている．（中略）戦後，日本の経済発展に伴い，日本製品が世界中に売られたことに加えて，地球規模における人的交流の活発化とマスメディアなどを通して情報が広まった．それに伴い日本文化

3）　「外行語」のこと．
4）　近年，井上（1995）あたりから引用例がみえる．

に対する興味が増加し，日本ブームがわき起こり，様々な日本語が英語の中にも取り入れられるようになって，「国際日本語」へ変容を遂げた．

この日本文化の海外進出の指標と捉える「国際日本語」にしても，さきほどの「西欧生まれの外来語に対する態度を考えてゆく」ために考察対象とされた「外行語」にしても，名称としてはどちらも捨てがたい．しかし残念なことに，これらはいずれも，西欧語を対象とした送り出し側からの視点を反映させた用語，という限界を伴っていることは否めない．

3.1.2 日本語借用語

日本語由来の語彙が外国語のなかに取り入れられていく．それも西欧語だけではなく，アジアの諸言語のなかに，そして世界中の言語のなかに移入されつつある．この現象をバランスよく言い表すには，送り出し側の自国語視点から一歩先に進んだほうがよい．そこで，受け入れ側ではどのような用語が使われているのかをみておきたい．

英語学分野において，日本語で書かれたものの典型例は，エバンス（1990）の「英語になった日本語」，早川（2003）の「英語の中の日本語」などで，書名の一部として用いられている，ずばり「日本語」という提示である．同様に英語で書かれた論文や書籍では，Gatenby（1931；1934），Nakajima（1942）の "Japanese words"，Cannon（1981；1994）の "Japanese borrowings"，Evans（1997）の "Japanese Loanwords" などがある．

一方，本章で扱うもう一方の言語である中国語では，「日語外来詞」「日語借詞」などの用語が使われている．これらを総合し，本章では，英語・中国語でも伝統的に使用されている「借用語」ということばに統一し，それに来歴を加えた「日本語借用語」という用語を用いることとしたい[5]．

3.1.3 日本語借用語の認定

日本語の語彙が「日本語借用語」として，それぞれの外国語にどの時期に移

---

5) 沈（2008）では，「日本語借用語」という訳語がすでに用いられている．

入されたのかを知るためには，その言語の語彙研究，特に語彙史の研究に負わねばならない．

　日本語の語彙が外国語に取り入れられるとして，そこにはまず取り入れられるに至る何らかの理由や事情がある．二言語間接触の濃淡，時代や歴史的背景などの語誌的情報，使用領域や位相，定着の度合いなどの社会言語学的分析，そうした要素のどれをとっても，重量級のテーマとなりうる．紙幅の都合上，本章ではそれらの問題すべてに言及することはできないが，国内外の主要な研究成果をふまえて，英語・中国語の両言語における日本語借用語の実態をできるかぎり提示することにしたい．またその際，日本語借用語の範囲は主として各言語の著名な一般大型辞書や外来語専門辞書の収録語を考察対象とする[6]．

3.2　英語と日本語借用語

3.2.1　英語における日本語借用語の歴史

　日本語借用語の歴史の始まりをどの時点とするかを断定的に語るのは難しい．しかし，かりに日本語の海外への「紹介」ということでよければ，16世紀にまでさかのぼることは容易である．

　前述の三輪は，「外行語」という用語を使用する以前，「日本語の洋行」ということばでこの現象を論じたことがあった（三輪，1959）．さらに「海を渡った日本語」と呼んだこともある（三輪，1977）．そのような限定でよければ，たとえば，『日葡辞書』によってポルトガル語に翻訳された3万語の日本語がその対象となる．しかし，当然のことだが，『日葡辞書』収録語のすべてがポルトガル語，またそれ以外の西欧語へ移入されたわけではない．

　表3.1は，〈外行語が英語へ入った時期〉として三輪がまとめた「外行語」のリストである[7]．なお，三輪が資料としたのは，*The Oxford English Diction-*

---

[6]　ある言語のなかに外来要素が取り入れられるまでにはいくつかの段階があり，どこからを借用語として認定するかについては多くの説があるが，本章では，辞書収録されていることを基準とした．

[7]　原文のまま転載した．三輪はこれ以外にも，「K で始まる外行語」に限定されてはいるが，英語だけではなくフランス語・ドイツ語の辞書にまで広げて，そこに収録されている外行語のリストアップを行っている．

3.2 英語と日本語借用語

表 3.1 外行語が英語へ入った時期（三輪, 1970c）

世紀	A	B
16	Bonze, kuge	
17	dairi, dairi-sama, itzebu(一分銀), japan(うるし), kobang(小判), moxa(もぐさ), norimon(乗物), obang(大判), sake, shogun, soy(a)(醤油), wakadash(脇差), tai(鯛)	Shogun
18	Kami, mikado, shinto(shintoism, shintoist etc.), kana, kiri, koi, kuruma(-ya), shaku, shikimi, siomio(小名), torii, sasanqua(山茶花)	Daimio, mikado
19	Aucuba(あおき), banzai, daimio, geisha, gobang(五目ならべ), harakiri, jinricksha(or rickshaw), kago, kakemono, kaki, kimono, koto, Kuroshiwo, matsu, momme, mon(紋), mousmee(娘), netsuke, obi, samisen, samurai, sen, shakudo(赤銅), sika, tabi, tycoon, yen, bushido, fusuma, futon, geta, genro, habutai, haori, hechima, hibachi, hiragana, inro, irofa(いろは), jujitsu(or judo), katakana, ko(m)bu, shippo, shoji, tofu	Bushido, geisha, hara-kiri, jinrickshaw, jiu-jitsu, judo, kakemono, kimono, netsuke, samurai, tycoon
20	Jujitsian (or jujitsist), Nipponian (-nism), shimose（下瀬火薬）	Banzai, bonsai, fuchigashira（縁頭）, haiku, kabuki, kamikaze, karate, kendo, kozuka, makimono, Noh, origami, senryu, tokonoma, tsuba

ary（*OED*）第 1 版（1884〜1933 年刊）の "loan word" の項（表中の A 列）と, Bliss の *A Dictionary of Foreign Words and Phrases in Current English*（1966 年刊, 表中の B 列）の 2 冊である.

英語は, ラテン語やゲルマン語, フランス語など, 歴史的に数々の言語と接触してきた言語であり, 日本語由来のものも含め借用語は非常に多い. そして, 現在では, それらの借用語の語源や歴史的文献への初出年などの語彙研究の成果が, 英語辞書に集約されている.

そうした辞書の初期の代表的なものの一つが, *The Stanford Dictionary of Anglicided Words and Phrases*（1892 年刊）である. この辞書の序文には 27 語の日本語を収録したと記述されている. たとえば, bonze (1589), Dairi, dairi (1622), koban, kobang (1622), norimon (1622) などである（( ) 内の数字は初出年を表す. 以下同）.

また，Serjeantson が著した *A History of Foreign Words in English*（1935年刊）にも kimono (1637), saké (1687) などの日本語借用語例が挙げられている[8]．

さて，やがて英語辞書は，19世紀の末からの大型辞書刊行時代を迎え，多数の辞書に日本語借用語が収録されていくが，そのなかでも最も代表的な権威のある辞書とされるのが *OED* である．

早川勇は，この *OED* 第2版が収録した日本語借用語の原典資料を歴史的に次のように区分している（早川，2003：14）．

(1) 第1期（17世紀初）東インド会社に派遣され来日した商人の航海日誌や手紙[9]
(2) 第2期（18世紀初）ケンペルの『日本誌』[10]
(3) 第3期（19世紀中）幕末・維新のころに日本にきた英米人の旅行記[11]
(4) 第4期（19世紀末）学者や作家による日本文化と新日本の紹介[12]
(5) 第5期（20世紀中）第2次世界大戦中および戦後に米軍人が用いた日本語の流用
(6) 第6期（20世紀末）柔道の国際化と日本の経済発展に伴う専門語の導入

第1期から第4期までの原典資料から英語に入った日本語については，次のように述べている．

> 第1期では，交渉の相手となる人々の官職名や交易の品名（衣服の名称や木材の名）が利用された．（中略）第2期のケンペルは博物学者であったので，動植物の名称および日本の社会構造に関する名称，仏教や神道に関連した語彙を多く用いた．（中略）第3期では，日本社会に特徴的な語彙

---

8) インターネット上で同辞書の pdf ファイルをみることができる．
9) William Adams（1544～1620）の航海記と書簡，John Saris（1579?～1643）*The Voyage of Captain John Saris to Japan*, Richard Cocks（1566～1624）*Diary of Richard Cocks* などが含まれる．
10) Engelbert Kaempfer（1651～1716）*The History of Japan*.
11) Richard Hildreth（1807～65）*Japan, as It Was and Is* など．
12) William Elliot Griffis（1843～1928）*The Mikado's Empire*, Basil Hall Chamberlain（1850～1935）*Things Japanese* など．

表3.2　*OED* の原典資料と語彙例

OED の原典資料	原典における表記と日本語表記
第1期（17世紀初）	bungeo（奉行），doboque（胴服），shishero（棕櫚）
第2期（18世紀初）	Doodsio（泥鰌），Fattamotto（旗本），Negi（禰宜）
第3期（19世紀中）	Mikosi（神輿），noshi（熨斗），ifai（位牌）
第4期（19世紀末）	Taka-makie（高蒔絵），Imari-yaki（伊万里焼）

が多い．日本の開国に際し来日した英米人が珍しいと思った事物に関する語彙である．4期では焼き物など工芸品に関する名称が中心である．この時期に用いられた日本語はかなり専門的な語が多く，一般の日本人が知らないものが含まれることも稀ではない．（早川，2003：14）

この早川の記述にそって，それぞれの時代の代表的な日本語借用語を原典資料から拾うと表3.2のようになる（（　）内は日本語表記．以下同）．

早川によれば，現在出版されている *OED* 第2版（1989年刊）とそれ以降の追加（Additions）分には，派生語も含め約580語が収録されている[13]．また，それらの日本語借用語の初出年に関して次のように述べている．

OED 第2版で初出年の古いものは，Japan（1577），Kuge（1577），bonze（1588），wacadash（1613），katana（1613），tatami（1614），shogun（1615）などである．イギリスと日本との交流は17世紀の初頭に商人を通して行われたが，それほどの広がりをみせた訳ではない．彼らの手紙や日記で使われた日本語語彙がイギリス国民の間に広まったとは考えにくい．（早川，2003：19）

これらのことばの語誌的な背景については，参考文献を参照していただくことにして，次項以降では，*OED* とそれ以外の英語辞書に収録されている日本語借用語の現状について考えてみたい．

13）どこまでを範疇として認めるかによって，あるいは調査方法によって数の異同がある．東京成徳英語研究会編（2004）では，378語を取り上げている．また，早川（2003：167）も，CD-ROM版の語源検索では343語となるとしている．

3.2.2 英語辞書に収録された日本語借用語の語彙数

1930年代にGatenbyによって書かれた"The influence of Japanese on English"と"Additions to Japanese words in English".日本では,この二つの記念すべき論文によってスタートした英語における日本語借用語研究の歴史とは,英米の辞書のなかにいったいどのくらいの数の日本語由来のことばが移入されるに至ったかを描き出すことと言ってもよい.

日本語借用語を収録している英語の辞書には,イギリスで刊行されたものとアメリカでのそれとがあり,これについて早川は次のように述べている.

> 一般的にアメリカの辞書の方がイギリスの辞書よりも日本語語彙の収録に関して寛大である.これにはいくつかの理由が考えられる.1つは辞書の性格による.イギリスの辞書の代表格であるOEDは,学問的辞書ですべての英語語彙の歴史的発展を記述することを目指している.このため,日本語語彙の選択についてもかなり保守的で,歴史的な語彙や文化的な語彙に中心が置かれている.これに対して,アメリカの辞書は百科事典的で実用的である.地名や人名などの固有名詞も多く含まれる.もう1つの大きな理由は,幕末から明治維新にかけて,イギリスよりもアメリカのほうが日本との関係が深かったことによる.(早川,2003:23-24)

このような辞書編纂の方針の違いを念頭に収録語彙の全体像を掴むためには,横断的に辞書を閲覧していく方法しかない.そこで早川(2003)は英米の5種類の大型英語辞書のべ11版[14]にわたって日本語借用語リストとしてまとめた.総語彙数は約1400語に上る.

また,英米の辞書研究の成果も無視することはできない.近年に限ってもCannon and Warren(1996)やEvans(1997)のような日本語借用語についての語誌的情報および用例が目録化,辞書化された成果も現れている.表3.3には,日本語借用語を扱った代表的な研究のなかから,複数の辞書を対象として日本語借用語を抽出したものをその収録語数とともに示した.

---

14) OED第1版,第2版をはじめ,『ウェブスター国際版大辞典』『ランダムハウス大辞典』など5辞書11版.

3.2 英語と日本語借用語

表 3.3 各研究の参照辞書名と収録語数

著者名（刊行年）	参照辞典名	収録語数
Nakajima (1942)	4 辞書 (OED, Century, Standard, Webster)	438
三輪 (1970a)	英・米・仏・独の 83 辞書	203
Cannon (1981)	OED, Webster Third ほか	516
Cannon (1994)	18 辞書	*275
Cannon and Warren (1996)	同上	1455
Evans (1997)	14 辞書およびその他の米国メディア	818
早川 (2003)	大型 5 辞書	約 1400

*の語数は，収録語を 20 世紀後半に絞ったことによる．

表中の Nakajima から Evans, Cannon に至るまでには，約半世紀にわたる時間の経過がある．収録語彙数も時代とともに大幅に増えている．それでは，英語における日本語借用語の現状とはどのようなものなのだろう．次項では主要な辞書中に比較的最近収録された語彙について考えてみたい．

3.2.3 新世代の日本語借用語

Cannon and Warren (1996) は，辞書の体裁となっていて収録語数も多い．そのため Cannon は，1455 語の収録語彙すべてを 2 段階にわたってフィールド別に分類する作業を試みた．まずはじめに，「1. 科学（Science），2. 社会科学（Social Science），3. 芸術（Arts）」と「それ以外（以下，"4. 名称なし"）」に四つの大きな区分（"Division"）がなされる（以下，「大区分」）．そしてさらに細目分類（"Field"）を行った（以下，「細目」）．ちなみに，若林（1983）などでもこうしたジャンル別分類が行われているが，この Cannon and Warren (1996) が最も体系化が行き届いているように思う．

まず，次ページ以降に，275 語の最新日本語借用語が紹介されている Cannon (1994) の語彙リストに，品詞情報と意味情報を加えたものを表 3.4～3.6 として示す[15]．

次に，Cannon の分類を表 3.7 に示した．また表 3.8 は，Cannon による 1994 年版 275 語と 1996 年版 1455 語の細目別所属語数と，各細目における 1994 年版の収録語の 1996 年版の収録語数に対する比率を示したものである（網

---

15) 論文には，それぞれの借用の程度（stage）も評価されている．

表3.4 日本語借用語275語リスト（その1）(Cannon, 1994)

No.	item	notes	Division	Field	No.	item	notes	Division	Field
1	jaburan		1	Bot.	47	Japlish[2]	Adj.	2	Ling.
2	kuromaku		1	Bot.	48	Akihito		2	Pol.
3	napa		1	Bot.	49	kamikaze legislation		2	Pol.
4	sakakin		1	Bot.	50	black mist*	kuroi kiri	2	Pol.
5	kuroshio extension		1	Geogr.	51	co-prosperity[2]*	kyōei	2	Pol.
6	kuroshio system		1	Geogr.	52	Etsuzankai		2	Pol.
7	yeddo hawthorn		1	Geogr.	53	habatsu		2	Pol.
8	ikunolite		1	Geol.	54	kinken-seiji		2	Pol.
9	kobeite		1	Geol.	55	low profile[1]*	teishisei N.	2	Pol.
10	ningyoite		1	Geol.	56	low profile[2]*	teishisei A.	2	Pol.
11	yugawaralite		1	Geol.	57	low silhouette*	teishisei	2	Pol.
12	Tosa		1	Zool	58	Nihon		2	Pol.
13	co-prosperity[1]*	kyōei	2	Econ.	59	shokku		2	Pol.
14	maruyu		2	Econ.	60	Showa		2	Pol.
15	sarakin		2	Econ.	61	Zengakuren[1]	Noun	2	Pol.
16	zaikai		2	Econ.	62	Zengakuren[2]	Adj.	2	Pol.
17	zaitech/zaiteku		2	Econ.	63	harakiri/hara-kiri swap'		2	Social.
18	burakumin		2	Ethnol.	64	mingei[1]	Noun	2	Social.
19	acupressure		2	Health	65	mingei[2]	Adj.	2	Social.
20	itai-itai (disease)		2	Health	66	Oseibo/oseibo[1]	Noun	2	Social.
21	Kawasaki disease		2	Health	67	oseibo[2]	Adj.	2	Social.
22	kogai		2	Health	68	aragoto[1]	Noun	3	Drama
23	Minamata disease		2	Health	69	aragoto[2]	Adj.	3	Drama
24	sanpaku		2	Health	70	Danjuro		3	Drama
25	Sendai virus		2	Health	71	hanamichi		3	Drama
26	Shiatsu		2	Health	72	hashigakari		3	Drama
27	Takayasu's disease		2	Health	73	joruri		3	Drama
28	yusho		2	Health	74	kabukiesque		3	Drama
29	gengo/Gengo		2	History	75	oyama		3	Drama
30	Betamax		2	Industry	76	graphic novel		3	Lit.
31	glocal		2	Industry	77	koza		3	Lit.
32	glocalization		2	Industry	78	linked verse*	renga	3	Lit.
33	glocalize		2	Industry	79	enka		3	Music
34	hell camp*	jigoku	2	Industry	80	hayashi		3	Music
35	kaizen		2	Industry	81	karaoke[1]	Noun	3	Music
36	kanban/Kanban		2	Industry	82	karaoke[2]	Adj.	3	Music
37	Kanban		2	Industry	83	Nanga		3	Painting
38	mechatronics*	kikaidensi	2	Industry	84	shunga		3	Painting
39	Mikimoto		2	Industry	85	kirigami		3	Paper
40	Nikkei		2	Industry	86	origami		3	Paper
41	Sendust		2	Industry	87	Bizen ware		3	Pottery
42	sokaiya/Sokaiya		2	Industry	88	Karatsu ware		3	Pottery
43	Walkman		2	Industry	89	Sanda ware		3	Pottery
44	hara-gei/haragei		2	Ling.	90	Seto ware		3	Pottery
45	Japglais		2	Ling.	91	daruma		4	Buddhism
46	Japlish[1]	Noun	2	Ling.	92	dokusanan		4	Buddhism

表中の*の付いた語は翻訳語．参考のため語源の日本語をローマ字で記した．
Noun：名詞，Adj.：形容詞，Verb：動詞を示す．特に記載のないものはすべて名詞．

3.2 英語と日本語借用語

表 3.5 日本語借用語 275 語リスト（その 2）(Cannon, 1994)

No.	item	notes	Division	Field	No.	item	notes	Division	Field
93	sesshin		4	Buddhism	139	pachinko[1]	pin-ball	4	Games
94	Soka Gakkai		4	Buddhism	140	pachinko[2]	hand gun	4	Games
95	zendo		4	Buddhism	141	pachinko[3]	Adj.	4	Games
96	yuzen-zome		4	Cloth	142	Pac-Man[1]	Trademark	4	Games
97	chashitsu		4	Drink	143	Pac-Man[2]	Adj.	4	Games
98	shochu		4	Drink	144	Pac-Man defence		4	Games
99	Suntory		4	Drink	145	reverse harakiri		4	Games
100	bento		4	Food	146	beddo		4	Household
101	dashi		4	Food	147	byobu		4	Household
102	enoki		4	Food	148	furo		4	Household
103	enokidake		4	Food	149	futon -reborr.		4	Household
104	functional food(s)*	kinōshokuhin	4	Food	150	kotatsu		4	Household
105	gyoza		4	Food	151	ofuro		4	Household
106	hijiki		4	Food	152	shikibuton		4	Household
107	mirin		4	Food	153	aikido		4	M.Arts
108	nashi		4	Food	154	aikidoist		4	M.Arts
109	obento		4	Food	155	aiki-jutsu		4	M.Arts
110	oshibori		4	Food	156	brown belt*	chaobi	4	M.Arts
111	oshibori towel		4	Food	157	budo[1]	martial arts	4	M.Arts
112	rumaki		4	Food	158	budo[2]	philosophical system of martial arts	4	M.Arts
113	shabu-shabu		4	Food	159	gi		4	M.Arts
114	soba		4	Food	160	iaido		4	M.Arts
115	sobaya		4	Food	161	ippon		4	M.Arts
116	surimi		4	Food	162	jigotai		4	M.Arts
117	sushiya		4	Food	163	judogi		4	M.Arts
118	tamari (soy sauce)		4	Food	164	judoist		4	M.Arts
119	teppan-yaki		4	Food	165	judoka		4	M.Arts
120	teriyaki[1]	Noun	4	Food	166	judoman		4	M.Arts
121	teriyaki[2]	Adj.	4	Food	167	karate[1]	Noun	4	M.Arts
122	Tofutti		4	Food	168	karate[2]	Adj.	4	M.Arts
123	umami[1]	Noun	4	Food	169	karate[3]	Verb	4	M.Arts
124	umami[2]	Adj.	4	Food	170	karate-chop[1]	Noun	4	M.Arts
125	wakame		4	Food	171	karate-chop[2]	Verb	4	M.Arts
126	waribashi		4	Food	172	karateist		4	M.Arts
127	yakitori		4	Food	173	karateka		4	M.Arts
128	Atari		4	Games	174	kumite		4	M.Arts
129	Atari democrat		4	Games	175	kuzushi		4	M.Arts
130	Atari Socialism		4	Games	176	kyokushinkai		4	M.Arts
131	Atarize		4	Games	177	kyudo		4	M.Arts
132	go-moku		4	Games	178	nunchakus		4	M.Arts
133	I-go		4	Games	179	o-goshi/ogoshi		4	M.Arts
134	kokeshi		4	Games	180	shime-waza		4	M.Arts
135	Nintendo		4	Games	181	Shintaido		4	M.Arts
136	Nintendo epilepsy		4	Games	182	tai-otoshi		4	M.Arts
137	Nintendo generation		4	Games	183	tonfa		4	M.Arts
138	Nippon chrysanthemun		4	Games	184	uke		4	M.Arts

表中の*の付いた語は翻訳語．参考のため語源の日本語をローマ字で記した．
Noun：名詞，Adj.：形容詞，Verb：動詞を示す．特に記載のないものはすべて名詞．

3. 外国語に借用された日本語

表 3.6 日本語借用語 275 語リスト（その 3）（Cannon, 1994）

No.	item	notes	Division	Field	No.	item	notes	Division	Field
185	white belt[1]*	shiroobi Noun	4	M.Arts	231	ishime		4	Swords
186	white belt[2]*	shiroobi Adj.	4	M.Arts	232	Ito sukashi		4	Swords
187	ri		4	M.Arts	233	jimigaki		4	Swords
188	hibakusha		4	Measures	234	kanamono		4	Swords
189	high profile[1]*	kōshisei Noun	4	Mil.	235	kashira		4	Swords
190	high profile[2]*	kōshisei Adj.	4	Mil.	236	kogai		4	Swords
191	honcho		4	Mil.	237	kojiri		4	Swords
192	hoochie		4	Mil.	238	ko-katana		4	Swords
193	hoo(t)ch		4	Mil.	239	kozuka		4	Swords
194	jinkai senjitsu		4	Mil.	240	kurikata		4	Swords
195	kamikaze[1]	Noun (New meaning)	4	Mil.	241	kwaiken		4	Swords
196	kamikaze[2]	Adj.(New meaning)	4	Mil.	242	menuki		4	Swords
197	moose		4	Mil.	243	mokko		4	Swords
198	ninja[1]	Noun	4	Mil.	244	namban		4	Swords
199	ninja[2]	Adj.	4	Mil.	245	nanako		4	Swords
200	ninja[3]	New meaning	4	Mil.	246	niku-bori		4	Swords
201	Ninja Turtle		4	Mil.	247	riobitsu		4	Swords
202	ninjutsu		4	Mil.	248	seppa		4	Swords
203	skosh		4	Mil.	249	seppa dai		4	Swords
204	endaka		4	Mil.	250	shibui		4	Swords
205	yenbond[1]	Noun	4	Money	251	shibuichi-doshi		4	Swords
206	yenbond[2]	Adj.	4	Money	252	Shingen tsuba		4	Swords
207	shishi		4	Money	253	shitogi tsuba		4	Swords
208	jingu		4	Myth.	254	tsurugi		4	Swords
209	jinja		4	Religion	255	wakizashi		4	Swords
210	Kokka		4	Religion	256	shinkansen		4	Transport.
211	Shuha		4	Religion	257	bullet train*	dangan ressya	4	Transport.
212	basho		4	Religion	258	arigato		—	Unclassified
213	dohyo		4	Sports	259	eroduction		—	Unclassified
214	mawashi		4	Sports	260	Euroyen		—	Unclassified
215	ozeki		4	Sports	261	gaijin		—	Unclassified
216	sekiwake		4	Sports	262	juku/Juku		—	Unclassified
217	stable*	heya	4	Sports	263	kamashimo zashi		—	Unclassified
218	sumotori		4	Sports	264	kamikaze protein		—	Unclassified
219	tachiai		4	Sports	265	koban 'police substation'		—	Unclassified
220	utchari		4	Sports	266	kodogu		—	Unclassified
221	yokozuna		4	Sports	267	kondo effect		—	Unclassified
222	zensho		4	Sports	268	Okazaki		—	Unclassified
223	kabuto gane		4	Sports	269	ryokan		—	Unclassified
224	kabuzuchi		4	Swords	270	samurai bond		—	Unclassified
225	tachi		4	Swords	271	sayonara		—	Unclassified
226	aikuchi		4	Swords	272	Tago-Sato-Kosaka		—	Unclassified
227	dai-sho-no-soroimono		4	Swords	273	tsutsumu		—	Unclassified
228	fuchi		4	Swords	274	yakuza		—	Unclassified
229	gomokuzogan		4	Swords	275	yamaguchigumi		—	Unclassified
230	guri bori		4	Swords					

表中の*の付いた語は翻訳語．参考のため語源の日本語をローマ字で記した．
Noun：名詞，Adj.：形容詞，Verb：動詞を示す．特に記載のないものはすべて名詞．

3.2 英語と日本語借用語

表 3.7 Cannon（1996）の大区分と細目項目（「Div.」は Division の略）

Field	Div.	Field	Div.	Field	Div.	Field	Div.
Birds	1	Industry	2	Paper	3	Measures	4
Botany	1	Linguistics	2	Pottery	3	Military	4
Fish	1	Politics	2	Prints	3	Money	4
Geography	1	Sociology	2	Buddhism	4	Mythology	4
Geology	1	Dance	3	Cloth	4	Religion	4
Zoology	1	Drama	3	Drink	4	Sports	4
Economics	2	Lacquer	3	Food	4	Swords	4
Ethnology	2	Literature	3	Games	4	Titles	4
Health	2	Music	3	Household	4	Transportation	4
History	2	Painting	3	Martial Arts	4	Weights	4

表 3.8 Cannon（1994, 1996）の細目別所属語数と 1994 年収録語の対 1996 年収録語数比率（「Div.」は Division の略）

Div.	Field	1994	1996	比率	Div.	Field	1994	1996	比率	Div.	Field	1994	1996	比率
1	Birds	0	13	0.0%	3	Dance	0	9	0.0%	4	Household	7	30	23.3%
1	Botany	4	280	1.4%	3	Drama	8	20	40.0%	4	Martial Arts	34	85	40.0%
1	Fish	0	50	0.0%	3	Lacquer	0	24	0.0%	4	Measures	1	21	4.8%
1	Geograhy	3	24	12.5%	3	Literature	3	16	18.8%	4	Military	16	42	38.1%
1	Geology	4	24	16.7%	3	Music	4	15	26.7%	4	Money	3	13	23.1%
1	Zoology	1	34	2.9%	3	Painting	2	33	6.1%	4	Mythology	1	5	20.0%
2	Economics	5	7	71.4%	3	Paper	2	14	14.3%	4	Religion	4	29	13.8%
2	Ethnology	1	18	5.6%	3	Pottery	4	29	13.8%	4	Sports	11	21	52.4%
2	Health	10	42	23.8%	3	Prints	0	11	0.0%	4	Swords	32	52	61.5%
2	History	1	14	7.1%	4	Buddhism	5	57	8.8%	4	Titles	0	25	0.0%
2	Industry	13	56	23.2%	4	Cloth	1	35	2.9%	4	Transport.	2	15	13.3%
2	Linguistics	4	24	16.7%	4	Drink	3	22	13.6%	4	Weights	0	6	0.0%
2	Politics	16	58	27.6%	4	Food	28	80	35.0%					
2	Sociology	5	27	18.5%	4	Games	15	16	93.8%					

掛けの部分は，1994 年版収録語の対 1996 年版収録語数比率が上位 10 位までの細目分類）．ここから，20 世紀後半に英語に借入された日本語借用語のおおよその傾向を把むことができる．

まず，大区分からは，以下のようなことが分かる．

大区分「1. 科学」は，［Birds］から［Zoology］までだが，1994 年版収録語比率は 2.6% の 12 語である．ほとんどがそれ以前に英語に取り入れられている前世代の語彙ということになる．同「2. 社会科学」は，1996 年版 246 語に対し 1994 年版 55 語で比率が 22% となり，大区分のなかでは最も高い．また，同「3.

芸術」は，1996年版171語に対し1994年版23語（13％）である．前2者の中間に位置する．

つまり，大区分ごとの1994年版収録語比率を比較すると，「2. 社会科学」「3. 芸術」「1. 科学」の順にその比率が高い．その理由を考えると，「1. 科学」分野においては，［Birds］，［Fish］，［Zoology］などの分類学的領域に早くから借用語を取り入れた語彙体系が確立されていたことが推測される．「3. 芸術」についても，前世代に引き続いて新しい語彙が登場しているいくつかの分野をのぞき，「Lacquer（漆器）」のようにすでに体系が確立されていたと思われる．

これに対して「2. 社会科学」では，［Politics］，［Health］，［Industry］などの細目での比率が高い．

さらに詳しく細目に目を向けてみよう（単語の前に付した数字は，表3.4～表3.6の番号．以下同）．

表3.8で突出して高い比率を示しているのが，［Games］，［Economics］の2分野である．それぞれ，/136 Nintendo epilepsy/，/139～141 pachinko/ や，/14 maruyu/，/15 sarakin/，/17 zaitech/ などが語例として含まれている．

次に高い比率を示しているのは，［Swords］，［Sports］，［Drama］，［Martial Arts］，［Military］，［Food］，［Politics］，［Music］の8細目である．ただし，［Swords］に所属する語彙は，一見して分かるように，刀剣の専門語彙が並んでおり，「新世代」という意味では除外してよさそうである．［Sports］では/213 dohyo/，/219 tachiai/，/220 utchari/ など，相撲関連の語彙が大半を占めている．

［Military］には，/203 skosh/（少し），/197 moose/（娘）など，米軍兵士によって持ち込まれたものが多い．［Food］には，/114 soba/，/115 sobaya/ のような料理（店）名のほか，材料名（/102 enoki/），道具類（/110 oshibori/，/126 waribashi/）が主だったところだが，/101 dashi/，/123～124 umami/のような食関係の語彙への幅の広がりも予想させる．

さらに［Politics］では，日本の政治文化に関連した /53 habatsu/，/54 kinken-seiji/，/55～57 low profile/ などが，さらに［Music］には/79 enka/，/81～82 karaoke/ などポピュラーなことばが並んでいる．

さて，こうした日本語の借用を促した要因の一つが，戦後日本の経済成長に

よって引き起こされた日本の社会や文化の国際化という奔流であったことは想像に難くない．また，これらの語彙の移入傾向をみると，概して日本の社会や文化に固有な，対応する語句を英語には持たないものが多く収録されているということがいえるであろう．

3.2.4　日本語借用語の表記と翻訳借用

　日本語のなかに借用された外来語が，一般的には日本語の音韻構造に合わせて発音され，表記体系に合わせて記述されるのと同じように，日本語借用語もそれぞれの国の言語体系に合わせられて溶け込んでいく．英語の場合，日本語借用語はその大部分がヘボン式ローマ字で記述されているが，表 3.1 の moxa（もぐさ），tycoon（大君）のような例外も少なくはない．こうしたスペリングの多様性は，基本的には日本語借用語の来源となった日本語を紹介した人の母語や生きていた時代によるものと思われるが，三輪（1970b）はその要因として以下の三点を挙げている．

　第一に，外国人が日本語を紹介する際に，「耳から聞いたもの」を文字化してそれが定着した場合．mebos（梅干），iammabos（山伏）などがその例である．Tokio（東京）のような比較的新しい例もある．

　次にスラングの文字化の場合で，代表例が skibby（すけべい）である．1920 年代，米国西海岸に渡った在留邦人をさす侮辱的な呼び方だったという．

　そして最後が，発音の正確さのために意図的に異なった綴りを用いたことによるものだとして，Yeddo（江戸），nissei（二世），mikaddo（帝）などを語例としている．しかし，スペリングのバリエーションは，「時代が新しくなるほど（中略）現ヘボン式と一致するものが多くなる傾向がはっきり認められる」としている（三輪，1970b：81）．

　ところで，このスペリングに関してたびたび話題になるのが，次の「ginkgo（gingko）」のエピソードである．

　　元禄初期に来たケンペルは，二十年程前に出版された中村惕斎の『訓蒙図彙』によってイテフの名を漢音でギンキヤウ（銀杏）とあるのを Ginkjo と綴ったはずなのが，誤写のため Ginkgo となり Gingko とも Gingo とも

なってしまったのである．　　　　（新村出『ゲーテが寄銀杏葉の詩』より）

　これは，今では OED でも語源説明として採用されている内容であり，誤植が一人歩きをして正式な辞書登録に至った珍例として記憶されている出来事である[16]．

　さて，日本語借用語にはいわゆる「翻訳借用語（翻訳語）[17]」と呼ばれるものがある．早川（2006：177-180）では，これを四つのタイプに分けて説明している．

（1）語順が同じになるもの
　　　black belt（黒帯），pillow word（枕詞），tea master（茶人），water trade（水商売）
（2）語順が逆になるもの
　　　paper folding（折り紙），scroll painting picture（絵巻物）
（3）その内容や本質を英語で表現する場合
　　　hot tub（お風呂），rice cracker（煎餅），tea celemony（茶の湯）
（4）見た目の形状などを表現する場合
　　　box lunch（弁当），deveil's-tongue（こんにゃく），sun flag（日の丸）

試みに，表 3.6～3.8 の語彙リストから翻訳借用語を拾い出し，この分類で分けてみると以下のようになる（同リストには（2）に該当する語はない）．

（1）/13・51 co-prosperity/　　/38 mechatronics/　　/50 black mist/
　　 /55 low profile/　　/78 linked verse/　　/104 functional food/
　　 /156 brown belt/　　/185 white belt/　　/189 high profile/
（3）/34 hell camp/　　/217 stable/（相撲部屋）
（4）/257 bullet train/（新幹線）

エバンス（1990）は「日本でもカタカナ語をたくさん使うインテリがいるよ

16）　木下杢太郎の「銀杏と Ginkgo」という以下の一文によっても知られている．
　即ち多分ケムフェルは徳川の本草学者に銀杏の樹のことを教はつたのであらう．その当時の学者は「ギンナン」は俗間の慣用語で本当は「ギンキヤウ」と読むべきものと考へてゐたのであらう．それをロオマ字に直すと Ginkyo となるのである．所が千七百十二年に出版された本には Ginkgo となってしまった．畢竟 y を誤って g にしただけの事である．（太田，1938）
17）　表 3.4～3.6 で，＊を付したもの．

3.2 英語と日本語借用語 *91*

うに，アメリカのインテリは，日本に関連した話題では gaiatsu（外圧）など，ここに集めた以外の言葉でもそのまま英語にして使ってしまっています．日本が国際的に活躍し，東洋の『神秘な国』から『経済大国』として認められるようになると，諸外国では日本語の知識が教養の一つになります」と述べているが，日本への関心が増すことによって，こうした翻訳借用語も含めた日本語の借用が進んでいくのかもしれない．

3.2.5 日本語借用語の品詞転成

日本語の外来語には，形容動詞やサ行変格活用の動詞，縮約形などが五段活用化した動詞があるが，日本語借用語の場合，品詞はそのほとんどが名詞である．しかし，例外として以下の (1)～(9) のような品詞転成がみられる場合があるので紹介する．なお，前述の表3.4～3.6のなかに語例がある場合はその語も示した．

(1) 名詞と同形の《動詞》の用法が派生した例（名詞の用法も共存）
/169 karate/[18)]　　/171 karate-chop/
haiku（俳句），jujitsu（柔術），soogee（掃除）など．

(2) 名詞と同形の《形容詞》の用法が派生した例（同上）
/65 mingei/　　/66 oseibo/　　/69 aragoto/　　/82 karaoke/
/121 teriyaki/　　/124 umami/　　/196 kamikaze/
kimono，ninja，samurai など．

(3) 固有名詞が《形容詞》用法を派生した例（同上）
/62 Zengakuren/

(4) 固有名詞が《形容詞》の用法で借用された例
Heian, Higashiyama, Kamakura, Tokyo, Yokohama など．

(5) 日本語の名詞がそのままの語形あるいは省略形で《形容詞》として借用された例
Shuha（宗派），Kokka（国家神道）

(6) 日本語の形容詞あるいは固有名詞が《形容詞》として借用され，その後

---

18) /168 karate/として形容詞用法も収録されている．

同形の《名詞》の用法が生じた例
shibu(i)[19], Tokugawa
(7) 日本語の動詞が《名詞》として借用された例
tsutsumu
(8) 日本語の感動詞が《名詞》の用法を派生した例
banzai, sayonara
(9) 翻訳借用語で,もとの文法範疇(名詞,形容詞,形容動詞(ただし形容詞として))を引き継いだもの(同上)
　　/56 low profile/　　/185 white belt/　　/190 high profile/
また次項で述べるように,英語の造語法による語形成によって品詞が転成する場合もある.

3.2.6　日本語借用語の語形成

日本語借用語の語形成には,次の三つのパターンが認められる.
(1) 日本語に英語の接(尾)辞が結合し派生語を形成するパターン.
　　[-al]　　shogunal, tycoonal (大君)
　　[-ate]　　daimioate (大名), shogunate
　　[-ed]　　kimonoed, Japanned
　　[-ism]　　shintoism (神道), Amidism (阿弥陀)
　　[-ist]　　judoist, shintoist　　[-istic]　　shintoistic　　[-ize]　　Japanize
　　[ship]　　shogunship, tycoonship
　　これらは比較的よく用いられる造語力の強い接辞である.派生語は,当然ではあるが,その接辞の持つ文法性を受けた品詞として用いられる.これ以外にも「石」を表す[-lite][-ite]を接辞とするabukumalite (阿武隈石), kotoite (小藤石) などの派生語が日本語借用語の歴史初期に多く現れている.
(2) 日本語と英語の造語成分の一部が混淆して混成語 (blend word) となるパターン.まだそれほど多くはみられないが,次のようなものがある.

---

19) Cannon and Warren (1996) では,形容詞用法が記載されていないので番号は付していない.

eroduction（ポルノ映画），Euroyen（ユーロ円）
(3) 日本語と英語の単語が合成していわば日英複合語を形成するパターン．造語力の強いものを挙げると，次のようなものがある．
① 英語の［ware］［pottery］が後接して「〜焼」「〜器」の意味を担う例
Arita ware, Imari ware, Karatsu ware, Seto ware, shippo ware, raku pottery, Shino pottery, Gombei pottery, Jomon pottery など
② ［lacquer］が後接して「〜塗」の意味を担う例
Tsugaru lacquer, Ro-urushi lacquer, Yoshino lacquer, Wakasa lacquer など
③ 人名や地名が英語の単語と結びついて特定の事象名を担う例
Suzuki method, Yukawa meson, Minamata disease, Tsukahara tuck
④ 日本語の単語に英語の類義の単語が後接して意味補足がなされる造語例
koban gold, oshibori towel, rengeso clover, sumo wrestling, tatami mat など

ここに紹介したものはいずれも，もとの成分をみると［日本語］＋［英語］という構成からなる日英複合語である．このパターンに属するものには，ほかにNikkei Index, Korin school（光琳派），dan-holder（有段者）などのように，自在な組み合わせによって造語されているものもある．英語においては，この［日本語］［英語］という配列の拘束性はかなり高いようで，この前後が入れ替わったケースは，筆者が調べたかぎり galvanic moxa[20] 以外あたらなかった．

3.2.7 日本語借用語の意味の変容

日本語借用語は，大多数が日本語における意味をそのまま残して英語に取り入れられている．しかし，なかには日本語の意味から離れている例がある．ここでは，以下の四つの様態について紹介する．
(1) 意味の縮小（もとの意味よりも狭く用いられる）
butoh（舞踏 → 現代舞踏），hooch（うち → 掘っ立て小屋），kokumin（国民 → 国民兵），napa（菜っ葉 → 白菜），uta（歌 → 和歌）

[20) この語は，*A Standard Dictionary of the English Language*（1893-95（初版），1913（第2版））にのみ収録されている．

(2) 意味の拡大（もとの意味よりも広く用いられる）
　　haiku（俳句 → 季節を讃える詩），hara-kiri（腹切り → 自殺，自殺的行為），honcho（班長 → 組織の長），judoka（柔道家 → 柔道をする人），mamasan（ママさん → 母親）
(3) 換喩（隣接性・関連性によって意味が変化したもの）
　　Akita（秋田 → 秋田犬），hibachi（火鉢 → バーベキュー用のコンロ），issei（一世 → 入植者），kimono（着物 → ゆるいガウン），Kokka（国家 → 国家神道），mebos（梅干 → 塩味をつけた干しアンズ），moose（娘 → 愛人），Satsuma（薩摩 → 温州みかん）
(4) 隠喩（類似性によって意味が変化したもの）
　　baka（馬鹿 → 特攻機），banzai（万歳 → むこうみずな，決死の），kamikaze（神風 → 特攻機，むこうみずな人，むぼう），tsunami（津波 → 感情の起伏），tycoon（大君 → 政界・経済界の大物）

このように日本語借用語は英語の世界で，ある面では規則的に，またある面では自在な姿で変動し定着し，新しい生命を吹き込まれて躍動しているといえよう．そして，日本への国際的な関心が失われないかぎり，こうした日本語借用語の英語への移入は，これからも繰り返されるであろう．

さて，英語に移入された日本語の概容については，本節をもって区切りとしたい．なお，最終節において，西欧を中心とした日本語借用語の最新の情報を紹介する．

3.3　中国語と日本語借用語

前節までにみてきたように，英語のなかの日本語借用語は，一部の翻訳借用語をのぞき，そのほとんどが音と意味の両方を借用する「音訳借用語（音訳語）」であった．そのため，すべての語にアルファベットによる英語の表記体系が用いられていた．これは，ほとんどの西欧語に共通した日本語借用語の形態的特徴であるといえる．ところが，ともに漢字を表記体系に持つ日本語と中国語との関係においては様相が一変する．本節では，中国語における借用語の特徴を整理することから出発し，日本語借用語の中国語への受容とその現状について

言及してみたい．

3.3.1 中国語語彙体系の借用語

本章の冒頭でも触れたように，中国語語彙体系中の借用語は，「借詞」「外来詞」などと呼ばれる．ちなみに，現代中国語外来語研究のなかで最もよく知られているこの分野の専門辞典は『漢語外来詞詞典』（1984年刊）であり，当該分野の多くの研究がこの辞書をベンチマークとしている．そこで本節でも，以後の考察にあたっては，同辞典を基本文献として用いることにする．

さて，『漢語外来詞詞典』には総計7704語の借用語が収録されている．表3.9は，同辞典の編纂者の一人である史有為による，中国語に移入された借用語数を原語別に表したものである（史，2013）[21]．

表3.9 『漢語外来詞詞典』に収録された借用語の原語別語彙数（史（2013）より抜粋）

原語	英語	ロシア語	フランス語	ラテン語	サンスクリット語	アラビア語	ペルシャ語	契丹語	モンゴル語	チベット語	満州語	ウィグル語	マレー語	日本語	その他の言語	計
計	3426	401	162	88	780	117	84	84	400	256	128	85	76	882	735	7704

五千年ともいわれる長い歴史を持つ中国では，夏殷（商）周三代の四夷八蛮七閩五戎六狄と呼ばれた時代に始まり，西域との文物の交流，そして仏教の伝来とエポックを数えれば枚挙にいとまがないほど，他民族との往来が絶えることなく続いた．言語接触の問題に絞っても，郭沫若が指摘した紀元前古代中国の十二支名と西方の十二宮との語音的類似や，先秦時代以降，「駱駝（来源は匈奴語とされる），獅子（ペルシャ語あるいはイラン語），琵琶（イラン語あるいは古代ギリシャ語）」など多くの外国語との関連が指摘されている．そうした事情の一端がこの表からも読み取れる．さらに，英語が圧倒的な数の借用語の来源であり，中国語に多大な影響を与えたであろうことも推測できる．

---

21) p.180-181の図表を修正加筆した．

ところで，中国語は英語のアルファベットや日本語の仮名のような表音文字を持たない言語である[22]．その中国語で，借用語はどのように表記されるのであろうか．「中国語のなかの日本語借用語」を考える場合にもこの問題は避けては通れない．そこで，中国語における借用語の類型を整理することから始めたい．

3.3.2 中国語における借用語の類型

史（2013：139-148）は，中国語「外来詞」の分類を行っている．以下に簡略に示す[23]．なお【　】は，原典で用いられた中国語術語とその拙訳である．語例には原語情報を付した．なお語例のアルファベット表記は，史（2013）に従った．

(1) 【借音（音訳借用）】 ①原音の単純な音訳，②同音語による音訳，③意味を補うための新字創造，④音訳と意味を補う漢字の添加，の4類型[24]
例：①布丁（《英》pudding），雷達（《英》radar）②烏托邦（《英》utopia）[25]，沙発（《英》so fast：ネット用語，もともと sofa に当てた語）③檳榔（《マレー》pinang），氨（《英》ammonia）④白蘭地酒（《英》brandy）

(2) 【音形兼借（音・表記借用）】 ①アルファベット文字，②日本で音訳された漢字語[26]，③日本で作られた漢字，の3類型
例：① DNA（英語略語），DVD（同左）②瓦斯（《日》gasu），倶楽部（《日》kurabu）③腺（《日》sen），膵（《日》sui）

(3) 【半借音半借義（音義借用）】 音訳と意味訳を併せて造語する
例：新西蘭（《英》New Zealand），道林紙（《英》dowling paper），霓

---

22) 中国語の発音記号としての「拼音（ピンイン）」は除外して考える．
23) 第4章「外来詞的類型」を基本に，巻末の「外来詞類型一覧表」も別途参照した．
24) 汪（2010）では，「中国語の外来語の中で，最も特徴があり，面白いもの」であるとして，「混訳」が別個立項されている．「奔馳（Benz），可口可楽（Coca Cola）」など．
25) (3) に属するものと解釈されるが，原文に従った．
26) 史（2013）第2章「外来詞的歴時概述」によると日本語に由来する「漢字語」の記述が登場するのは，中国人官吏などの日本訪問記が現れるアヘン戦争（1940年）後の記事からである．

3.3 中国語と日本語借用語　　　　　　　　　　　　　　　　　　　97

紅灯（《英》neon lamp）
(4)【単純借形（表記借用）】 ①日本語訓読みの漢字語，②日本語音読みの漢字語[27]，③その他言語の音読語と符号
例：①手続（《日》tetsuzuki），取締（《日》torishimaru）　②馬鈴薯（《日》baleishio），相対（《日》sotai）　③字喃（《ベトナム》chữ nôm），卍（《古代インド》）

このうち，日本語借用語に特徴的なのは，(4)「単純借形（表記借用）」である．史（2013）では，この外来語4類とは別に「外来成分自構詞」として「摩托車」(motor+car)，「楽口福」(Lacavo) などの例を挙げ，これらは「中間類型」であるとしている．

また，中国語の借用語にはこのほかにも「T恤」（《英》T-shirt）のような表記借用と音訳を併せた造語など分類判定に苦慮するものもあるが，ここから先は，中国語の借用語研究の進展を待ちたいと思う．

3.3.3　日本語借用語の歴史

表3.6の言語別の数字から，『漢語外来詞詞典』に出現する日本語を原語とする借用語の数は英語に次ぐことが分かる．その数は882語で，これらはすべて近代以降中国語に移入されたものである[28]．

> 現在，日本語は毎年一万語（その多くは音訳による外来語だろうが）のペースで新語が増えているそうである．ところが，二千年の長きにわたって中国語の中に入った外来語は，たったの一万語にすぎない．そして，そのほぼ一割に当たる千語の外来語は，日本製漢語語彙なのである．
> 千語ぐらいといえば，多くはないと思われるかもしれないが，しかし，ほかの九割には「仏陀」など，仏教からの外来語が多く，死語に近いものがかなりあるし，日本語来源の語彙のほとんどは現代生活に欠かせない基

---

[27] 中国語に存在していたもの（ただし，近代語彙として新たな意味を担う）と新造語されたものがある．
[28] 中国に伝わる日本語に関する最も古い記録は『鶴林玉露』（1252年）で，日本語が20語記されている（蒋，2002；沈，2008）．また明代以降，倭寇対策を目的に編纂された日本研究書に日本語が散見するが，借用には至らなかったとされる（沈，2008：81-82）．

本的概念であり，使用頻度の高いものであり，しかも造語力のあるものが多い，ということを考えると，現代中国語における日本来源語の影響が非常に大きいといわねばならない．

　こう述べているのは，陳生保である（陳，1996：1）．ここで使用されている「日本来源語」という用語は，いうまでもなく本章でいうところの日本語借用語と同義である．数の面でも影響力の面でも日本語借用語が中国語のなかで果たしている役割は小さくないことが伝わってくる．では，近代以降，日本語借用語はどのような必要と契機によって，中国に移入されたのであろうか．その答えは，日本と中国の近代化を縦軸に，両国間の歴史を横軸にして考えることによって前景化する．

　そもそも日本の側からみた日中間の言語交流といえば，古代から近世まで一貫して，中国を出自とする文物を日本が受容するというスタイルであった．それが一変するのは，明治維新以降のことである．明治に始まる日本の近代化は，言語面における近代語彙革新を伴って進行した．それは現代のような音訳外来語（カタカナ語）の直接移入ではなく，その当時に特徴的な西欧文化を導入するための翻訳語（漢語の造語など）によるものであった．この事業に携わった代表的な人物として，日本人なら西周や福沢諭吉の名が頭に浮かぶに違いない．そうした人々によって近代化を推進する道具としての近代語彙が続々と日本語のなかに登場し，それがやがて日本製の「漢字詞（漢語）」として中国にもたらされたのである．

　そして，この日本語借用語の中国語への移入という事業を主として担ったのは，日清戦争（1894〜95年）以後に日本に派遣された中国人官費留学生たちや「戊戌変法」（1898年）破綻後日本に亡命した革命家たちであった[29]．なかでも，のちに駐日公使になる留学生汪栄宝と，革命運動にも身を投じた葉瀾の両人によって編纂された術語集『新爾雅』（1903年）は，人文・自然科学の学問領域ごとに近代の新概念の日本語訳語・新語を取り上げて解説したものと

29）　これ以前，明治初期の中国人外交官や知識人の著作に，造語された和製漢字語も含めた日本語語彙の記載もあるが，これらは断片知識としての域を出るものではなかった．歴史的資料としては，何如璋『使東述略并雑詠』（1877年）などがある．

して知られている．また，同書出版以降20世紀前半には，もっぱら日本の辞書類が漢訳されることによって日本語借用語の移入が行われた（沈，1993：80）．

しかし，その後の日中戦争，そして中国革命とそれ以後の長期にわたり，日中両国の関係は中断される．1950年代から60年代にかけては，中国語の語彙の近代化も，それまでの英語を中心とした西欧語と，漢字語をもたらした日本語にかわって，ロシア語がその役割を担うことになる．また，日本語本体がそれまでの和製漢語による西欧語語彙の移入という手法を捨て，カタカナによる音訳語が主流となっていったこともあり，中国語への影響はかつてほどの勢いを持つことにはならなかった．

3.3.4 日本語借用語の現状

ここでは，『漢語外来詞詞典』を対象に日本語借用語収録語について，3.3.2項で見た中国語の基本的な「外来詞の分類」に従い，それぞれの類型に所属する語彙を以下に整理しておく（（3）は確認できなかった）．

(1) 【借音（音訳借用）】 ①原音の単純な音訳
　　「奥巴桑（おばさん）」「吉地（げた）」「榻榻米（たたみ）」
(2) 【音形兼借（音・表記借用）】 ②日本で音訳された漢字語，③日本で作られた漢字
　　例：②瓦斯（ガス），倶楽部（クラブ），虎列剌（コレラ）など
　　　　③糎（センチメートル），粍（ミリメートル），腺（せん）など
(4) 【単純借形（表記借用）】 ④日本語訓読みの漢字語，⑤日本語音読みの漢字語
　　例：④浮世絵，打消，覚書，仮名，但書，立場，坪，出口，場合，広場，物語など
　　　　⑤因子，園芸，概念，解放，幹部，企業，原則，出版，抽象，美術，目標など

日本語語源の原音を「音訳借用」した例はきわめて少なく，(1)に記したわずか3語である．また，(2)「音・表記借用②」「音・表記借用③[30]」に属する語も少数である．日本語借用語が最も集中しているのは(4)「表記借用」の範

表 3.10 『漢語外来詞詞典』に収録された日本語借用語の分野別語彙数（史，2013）

	政治	軍事	経済	工業	科学技術	社会教育	医療衛生	文化体育	宗教	生活	農業	度量衡	自然	その他	計
英語	225 6.6%	77 2.2%	214 6.2%	486 14.2%	645 18.8%	122 3.6%	370 10.8%	337 9.8%	112 3.3%	374 10.9%	14 0.4%	59 1.7%	344 10.0%	47 1.4%	3426 100.0%
日本語	142 16.1%	39 4.4%	63 7.1%	43 4.9%	93 10.5%	124 14.1%	58 6.6%	60 6.8%	9 1.0%	63 7.1%	6 0.7%	13 1.5%	25 2.8%	144 16.3%	882 100.0%

疇である．なかでも，前項で述べた日清戦争後の諸事情から，「表記借用⑤」の音読み漢字語が圧倒的な数を占めている．

それでは，これらの日本語借用語にどのような意味的な特徴をみることができるのだろうか．試みに，史（2013）による『漢語外来詞詞典』の分野別語彙数を英語と比較して考察してみよう[31]．

英語の場合，借用語内部の語数比率が最も高いのが「科学技術分野（18.8％）」で，以下「工業（14.2％）」「生活（10.9％）」「医療衛生（10.8％）」「自然（10.0％）」分野が続く．それに対して日本語は，「政治（16.1％）」「社会教育（14.1％）」「科学技術（10.5％）」「経済（7.1％）」「生活（7.1％）」という序列になる．こうした傾向は，沈国威が日本語借用語研究の主要な論述の一つである高・劉（1958：25）を評した，次の叙述に集約できるものと考える．

> 日本語借用語が政治，哲学，経済，法律などの分野で高い数値を示しているのに対して，同分野における欧米言語からの外来語は少数の固有名詞にとどまっている．高名凱・劉正埮は，日本語借用語が欧米文化，社会生活，工業製品を反映していると言っているが，実際に工業製品及び文物を表す日本語借用語は意外に少ない．モノの名称よりコトの名称のほうが多いのである．つまり「モノ」の伝来は日本語を借用する決定的な動機付けではないと言ってよい．これは，他の外来語と比較した場合，好対照をなす．即ち，日本語を借用するには，一般にいう文物の移動のみならず，いっそう重要な社会，政治的要因が背後に考えられるのである．（沈，2008：25）

---

30) ほとんどが西欧の単位を表す国字である．しかし，「吋」のように，新字にみえて別の意味を持つ既存の漢字があるので注意が必要である．
31) 史（2013）の p.180-181 の図表を修正加筆した．

また，王彬彬は，「現代漢語中的日語"外来語"，数量是很驚人的。(現代中国語のなかの日本語「外来語」数は驚くべきものがある（注：筆者訳））」と述べ，そして，「政治」「経済」「文化」「革命」「階級」「社会主義」「資本主義」といったことばをその実例として挙げている（王，1998：1）．

では，日本語借用語のこのような潮流は，現在も続いているのであろうか．中国におけるこの分野の研究は，今なお広がりをみせ，また，新たな日本語由来の語彙の出現も報告されている．次項では，そうした研究の一端をみておこうと思う．

3.3.5 中国語のなかの現代日本語

ここまで，1984年に出版された『漢語外来詞詞典』を中心に，日本語借用語が中国語のなかにどのように取り入れられ現在に至っているかを辿ってきた．しかし，そうした従来の主要な研究を「古典的」と捉える研究者も現れている．汪（2010）もそうした研究の一つであり，そのなかで現代日本語の中国語への移入状況について言及している．汪によれば，日本の話題性から音訳された人名「活力門」（ホリエモン）やスポーツ用語「完勝，惜敗，直撃，人気」など，さらに日本企業の進出や日本のサブカルチャーの影響から生まれた「全家」（ファミリーマート），「益力多」（ヤクルト），「卡哇伊」（かわいい），「章魚小丸子」（たこ焼き），「奥点」（おでん）などの例が紹介されている．また，譙ほか（2011）からは，そうした最新の日本語に由来することばの個別研究が進んでいることがわかる[32]．

言語間の借用は一般に言語価値の高い側から低い側へと移動するといわれるが，これらの日本語由来のことばの場合は，「ある言語の特有語（他の言語に直訳できない意味分野の語）は，応々にして借用語として（訳語を与えられず，音訳のかたちで）他言語に受け容れられる．民族習慣や民族衣装などの語彙がそれにあたる」とした井上（1995：2）の区分を踏襲して説明ができるかもしれない．

また，こうした中国語に移入された借用語の問題を異文化受容の観点から分

---

32) 最新の日本語借用語73語が紹介されている．「必殺，充電，達人，定番，好調，居酒屋，空巣，苦手，買春，萌，熟女，王道，芸能界，語感，援交，御宅，知性，自閉症」などである．

析した厳（2007）では，「日本語来源語」の「情報の吸収」や「おしゃれ要素」などを体現する役割が述べられている．

　それにしても，こうした新進の日本語が，中国語のなかに「日本語借用語」として定着し，やがて辞書に収録される日がやってくるのか，あるいは一過性のものとして消失してしまうのか興味の尽きないところである．

3.4　世界のなかの日本語

　現代世界は凄まじい勢いでいわゆる「グローバル化」が進み，日本と諸外国とのネットワークもかつてないほどの広がりをみせている昨今である．さらに，ネットワークを移動する人々の往来や文化的交流に伴って，世界のあちらこちらで言語接触状況が生み出されている．

　ある言語の語彙体系に外国語からの借用語が浸透するのは，その言語に生じた語彙的空白に対する自覚があるからである．戦後日本の貪欲な先進国化に端を発した，我々自身が現在体験している外来語状況もそうした事情から無縁ではない．こうした現象は，言語経済力の指標の一つとされる「知的価値[33]」の観点から説明されてきたが，一方，それとは少し質感の異なった借用のメカニズムも現れてきている．再び井上（1995）の言である．

> 言語間の借用は水のように高きから低きに流れると言われるが，日本語については相互的になりつつある．日本語の文化的地位が上昇したためとも見られるが，世界中の言語で国家の境界を越えた交流が盛んになりつつある傾向にもよる．（井上，1995：2）

　料理用語やスポーツ用語などに進出した日本語借用語にその典型をみることが可能なこのタイプの借用語は，いわば個々人のライフスタイルや生活の色合いに対して影響力を持ちつつも，社会全体に行きわたって時代を象徴するようなものともなっているという点では，従来の借用語の規定とは異なった位相の

---

[33]　井上（1993）による．本来は，「言語の市場価値は知的価値に左右される」とあるように，言語自体の優劣を測定する要素として措定されたものである．話し手の数，公用語としての採用数，国家の経済力，文化度によって構成される．

ものといえよう．

3.4.1 言語地理学の近況

本章ではここまで，辞書による語彙流通の裏付けのある「借用語」を中心に論じてきた．

一方で，言語学的な定義による「借用語」という規定は多様で，一つの外国語由来の語彙を借用語と認定するまでの判断軸を複数用意するものもある[34]．

ここでは，こうした借用語の制約からひとまず離れ，リアルタイムで世界で「活躍する日本語」を対象にした最近の研究動向をみておく．

その一つは，言語地理学の最新の動向である．事の始まりは，2010年11月に，三省堂のホームページで紹介された「Googleマップで見る関西弁の世界進出」という記事である．筆者は，井上史雄である[35]．この記事は関西方言の「okini（大きに）」を材料に，「Googleマップ」をツールにして世界言語地図を作成しようとしたものである．Googleマップは，あることばが使用されている地点を地図上に指示する機能を持つ．さらに井上は，普通は商品のトレンド調査などに用いられる「Googleインサイト」もリサーチ用ソフトウェアに加えている（井上（2012a；2012b）など）．「Googleインサイト」を使った語彙調査では，あることばの使用分布だけではなく，各語の国別使用率や国ごとの語彙使用順位などのデータが得られる．これらの方法で，井上が調査した日本語は，アルファベット表記された「bonsai, dojo, kawaii, arigato, sayonara, sakura, origami, karaoke, anime, manga, pokemon」などで，新旧の日本語に踏査が及んでいる．井上（2012a：31）で得たデータによる海外で使用されている日本語のベスト20は次の語である[36]．

| karate | nissan | nintendo | samurai | dojo | toyota |
| origami | zen | kimono | manga | sakura | aikido | pokimon |

---

[34] 日本語借用語の例では，早川（2003）の4段階（原語/外来語/借用語/本来語）説がある．また，1.1.2項も参照のこと．

[35] http://www.urayasu.meikai.ac.jp/japanese/meikainihongo/18ex/default.htm に詳しい．

[36] なお，「hobo」（浮浪者，ルンペンの意．「方々歩き回る」が語源とされる）については，春山（1963）に「日本語をはなれて外国語になったおそらく唯一のことば」という記載がある．

tofu　　tycoon　　sushi　　sake　　kanban　　hobo　　bonsai

　また，この方法はアルファベット語だけではなく，あらゆる文字体系でも活用できる．したがって，現代日本語の「借用語候補」の漢字語などについての調査などもこの手法によって可能となるのである．

3.4.2　言語景観研究とネット情報

　本章のはじめに述べたように，いつの時代にも「日本語 Nihongo」の世界への進出は，言語接触や文化交流の身近な具体例として関心を呼ぶものであった．翻って，日本の街角を眺めても，公共空間に溢れる多言語状況は，日本人なら誰でも体験している日常的な風景になっている．こうした多言語化と「言語景観」との関連を研究する社会言語学の一分野を「言語景観研究」(linguistic landscape) と呼ぶが，現在注目されている研究領域の一つである[37]．上述したGoogleマップによる観察も言語景観研究の一形態とみなすことが可能であろう．また，Googleのストリートビューを用いて世界中の街角を相手に景観探索をするような時代も始まっている[38]．

　インターネット上にもこうした話題を扱う関連サイトが入れ替わり立ち替わり表れる．最後に筆者の目に止まったものを2, 3紹介しておく（サイトが消失した場合はご容赦いただきたい）．いずれも写真つきである．

(1)「台湾の日本語」(http://www.geocities.jp/ganmodoki_koreatour/nokanban.html)

　　台湾では多くの日本語看板を見ることができる．特に平仮名の「の」を頻繁に見かけるのだという．中国語の「的」のかわりに使っているらしい．

(2)「中国・少林寺の看板の日本語」(http://blog.esuteru.com/archives/7529873.html)

---

37) たとえば，東京の街角を日本志向型（銀座，新宿，門前仲町），西洋志向型（表参道），東洋志向型（秋葉原）のように分類した江 (2009) の研究などがある．また，東京の言語景観を紹介する動画も，インターネット上に公開されている（西郡仁朗・磯野英治監修『東京の言語景観―現在・未来―』https://www.youtube.com/watch?v=NHV338g_NBo）．

38) 本間 (2011) などを参照．

「出口」の看板．英語 Exit，韓国語 출구とあり，挟まれた日本語部分には「てびぢざけおぜごげじずで」の文字列が．

(3) 「海外で見つけた看板，商品」（http://matome.naver.jp/odai/2127787173425674201）

複数の収集例が載録されている．海外でよく見かける文字選択の誤用例では，パリのレストランの名前「KAMADO かまビ」が紹介されている．

［小林孝郎］

4 現代日本語における外来語

4.1 はじめに

　2013年6月，ある訴訟が起きた．71歳の男性がNHKのテレビ放送に対し，外国語の乱用で内容が理解できず，不必要な精神的苦痛を受けたとして，慰謝料141万円を求める裁判を起こしたのである．「若い世代は分かるかもしれないが，年配者はアスリートとかコンプライアンスとか言われてもわからない．質問状を出したが回答がないので提訴に踏み切った（『中日新聞』2013年6月25日付）」とその男性は説明している．この訴訟について，皆さんはどのように考えるだろうか．
　ここには多様な問題が含まれる．たとえば，
　(1) テレビ放送で使われている言葉は「外国語」なのか？
　(2) 外国語（外来語）は「乱用」されているのか？
　(3) 外国語（外来語）は「理解できない」ものなのか？
　(4) 外国語（外来語）の理解には世代間格差があるのか？
などである．なかでも (2)「乱用」と (3)「理解できない」は古くからの問題である．一例として挙げれば，1950年の新聞記事に「カタカナの濫用」（『朝日新聞』大阪版夕刊1950年4月3日付），「必要以上に難しい新語」（『時事新報』朝刊1950年9月8日付）という見出しがみられる（国立国語研究所，2009）．外来語は人気者であるがゆえに，さまざまなところで使用されているが，さまざまなところで使用されているがゆえに，批判も少なくない．
　本章では，「乱用（濫用）」は「量の多さ」に置き換える．また，「理解できない」は「意味の分かりにくさ」とし，「量の多さ」と「意味の分かりにくさ」

を出発点に，現代日本語における外来語の実態と外来語にまつわる問題について考えていく．4.2節では，意識調査により「量の多さ」と「意味の分かりにくさ」が日本人にどのようにとらえられているかを概観し，4.3節では，量的調査に基づいて外来語の量を探り，4.4節では，言語政策上，外来語がどのように取り扱われてきたかを確認する．これら3節は言語生活における外来語を対象としている．それに対し4.5節では，日本語という言語体系における外来語を対象とし，この10年ほどの間に指摘されるようになってきた外来語の変化をおさえる．

4.1.1 定　　義

「現代日本語における外来語」というテーマで論を進めるにあたり，まずは「現代日本語」と「外来語」の定義をしておかなければならない．

『講座国語史3　語彙史』（阪倉ほか，1971），『現代日本語講座4　語彙』（飛田・佐藤編，2002）は「現代語」を明治期以降としているが，『日本外来語の研究』（楳垣，1963），『講座日本語の語彙7　現代の語彙』（佐藤編，1982），『外来語の総合的研究』（石綿，2001）などでは太平洋戦争終結時以降としている．本章では後者の立場をとり戦後を現代とし，戦後の日本社会で使われている日本語を「現代日本語」とする．

「外来語」については，多くの研究書で扱っているとおり，漢語以外の借用語を外来語とする．ただし，近代以降に入ってきた，中国語の発音に基づいた語や日本で造られる和製外来語を含む．「外来語」は日本語に借用された語であり，日本の文字，発音，文法体系のなかで使用されている語である．

なお，外来語の定義には上記の出自のほかに，どの程度日本語のなかに定着しているかをみる定着度や表記，発音などが絡んでくるが，明確な定義はできないため，次項で紹介するにとどめる．

4.1.2 「外来語」か「外国語」か

文化庁の第22期国語審議会はその答申『国際社会に対応する日本語の在り方』において，いわゆる「外来語」のことを「外来語・外国語」という用語で表している．その理由として，甲斐（2001：50-54）は「まだ日本語としては

未熟である外国語をも問題にしている」,「アルファベット略語」のなかにも「日本語として定着している略語だけでなく,たとえば「米語新語略語辞典」などで確かめなければならない語が含まれている」という点を挙げている.

「外来語」にはすでに日本語に定着している「テレビ」「シャツ」などの語から,あまり見かけることもなく理解もされていない「ロードプライシング」や「パブリックインボルブメント」などの語まである.後者については日本語と言って良いのかという思いを持つ人も多いであろう.冒頭の訴訟を起こした男性は,意味が分からない語だから「外国語」という語をあえて使っているとも考えられる.その心情は理解できよう.しかし,実はその語が「外来語」なのか「外国語」なのかを決めるのは難しい.

国立国語研究所「外来語」委員会編(2006)では「その語を見たり聞いたりしたことがあるかどうか」という認知率と「その語を理解しているかどうか」の理解率,「その語を使うかどうか」の使用率という三つのものさしのうち「理解率」を用いて定着度を判断している.調査対象者の何%が理解しているかを測り,25%刻みで「25%未満」「25%以上 50%未満」「50%以上 75%未満」「75%以上」の4段階に分ける.そして,「75%」で線を引き,理解率が75%未満の語は「定着が不十分な語」,75%以上は「すでに十分定着している語」としている[1].しかし,この線引きは便宜上のものであり,74%と75%で大きく違うわけではない.たとえば,25%未満は「外国語」,25%以上は「外来語」と線引きしたとして,25%という数値に絶対的な意味はない.また,定着度は時により変化するものであるため,今までは定着度何%未満だったので「外国語」だったが,今は何%以上になったから「外来語」だと,常に定着度を測り,見直しを図らなければならない.語によっては以前は「外来語」だったが,使われなくなったために若年層には理解されなくなり「外国語」にもどる,というものも出てくるであろう.線引きの数値そのものに意味がなく,定着度の測定に手間がかかるわりに恒久的で正確な定義ができるわけではないため,定着度

---

[1] その根拠として,委員の一人,陣内(2007:137-140)はロジャーズの普及モデル(S字曲線)を用いている.「もはや十分に普及していて言い換えないでいい」という点は,急激な増加から緩やかな増加へ転換するあたりで,大まかに考えると普及率80%あたりではないか,としている.

による「外来語」の定義は現実的ではない，といえる．

「外来語」か「外国語」かの定義が難しいのは，定着度だけでなく，表記や発音に起因する場合もあるからである．カタカナ表記であれば，たとえ多くの日本人にとって意味不明語であっても，カタカナ書きをした時点ですでに日本語であり外国語として通用しないため外国語ではなく外来語だ，と決めることも可能である．しかし，アルファベット表記語やアルファベット略語は，和製外来語を除けば，外国語と外来語を表記によって区別することは不可能である．

たとえば，「パソコン」や「パーソナルコンピューター」は表記の上でも発音の上でも外来語つまり日本語である．ということは，「パソコンは personal computer の略です」と書いて「personal computer」を原音で読んだら，日本語の文のなかであっても，その部分のみ外国語になると判断できよう．では，「personal computer」と書いてあって「パーソナルコンピューター」とカタカナの発音で読んだら，それはどうなるのか．書き言葉では外国語で，話し言葉では外来語と考えるのか．また，「パソコンは PC のことです」の「PC」はどちらになるのか．「パソコン」のような分かりやすい具体物を表す語でも上述したような問題が考えられる．

外来語の定義には，厳密に考えれば多様な問題が存在する．国語審議会の「外来語・外国語」という併記はこのような問題を棚上げする便利な用語であるといえる．

4.2　意識調査にみる外来語

冒頭で，訴訟の理由である「外国語の乱用で内容が理解できない」という点は 1950 年の新聞記事を例に引いて古くからの問題だと説明した．ここでは，この問題が現在，一般の日本人にどのように認識されているのかみていく．一般の人々の意識を知る手立てとして，以下の調査を使用する．各調査の詳細はそれぞれの調査資料を参照されたい．

『国語に関する世論調査』（以下，『世論○○（年度）』[2])　文化庁文化部国語課
『外来語に関する意識調査』（以下，『意識』）国立国語研究所（2004a）
　調査期間：2003 年 10 月 9 日～11 月 11 日

110   4. 現代日本語における外来語

　　調査対象：満 15 歳以上の男女個人　有効回収数 3087 人（68.6％）
『外来語に関する意識調査II』（以下，『意識II』）国立国語研究所（2005a）
　　調査期間：2004 年 10 月 6 日～11 月 4 日
　　調査対象：満 15 歳以上の男女個人　有効回収数 3090 人（68.7％）
『読売全国世論調査』（以下，『読売』）読売新聞社
　　調査期間：2003 年 3 月
　　調査対象：全国の有権者　有効回収数 1846 人（61.5％）
『放送と外来語全国調査』（以下，『NHK』）坂本（2002a；2002b）
　　調査期間：2002 年 3 月 8 日～3 月 11 日
　　調査対象：満 20 歳以上の男女　有効回収数 1295 人（64.8％）

4.2.1　意識調査にみる外来語の「量の多さ」
【量が多いと感じているか】

『世論 1999』『世論 2002』『世論 2007』『世論 2012』と文化庁は 14 年の間に 4 回にわたり，「日頃，読んだり聞いたりする言葉の中に，外来語や外国語などのカタカナ語を使っている場合が多いと感じること」があるかという質問をしている．

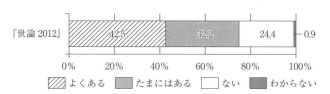

図 4.1　外来語が多いと感じることがあるか（『世論 2012』より）

「よくある」と「たまにはある」を合わせて「ある」は 74.6％[3]（2007-86.1％，

---

2)　外来語に対する意識や理解度などを取り上げているものは，1995 年度から 2012 年度までの 18 年間に 13 年分もあり，文化庁が外来語を重要なテーマの一つだと思っていることが理解されよう．
3)　図 4.1 の「よくある」42.5％と「たまにはある」32.2％を足すと 74.7％となるが，小数点以下の数値の関係からか合計は 74.6％と記載されている．

2002-86.2％，1999-83.9％）と，過去3回は8割以上であったが『世論2012』では前回より10ポイント以上減っている．一方，「ない」は24.4％（2007-11.9％，2002-12.1％，1999-13.8％）と，こちらは10ポイント以上増えている．理由は尋ねていないので不明だが，この点については4.5節で言及する．

『意識』も同様の質問をしており，「しばしばある」と「時々ある」の「ある」が81.2％と8割を超えている．『読売』は「最近の日本語にはカタカナ語がはんらんしていると思うか」と量の多さを問題視する「はんらん」という言葉を用いて質問している．「そう思う」は83.9％，「そうは思わない」は14.6％である．

以上，「量の多さ」については，最新の調査では，約75％の人（4人に3人）が外来語が多いと感じていることが分かる．そして，『読売』で「はんらん」という言葉を用いても同様の結果が得られることから，「量の多さ」については依然として多くの人が問題だと思っていることが分かる．なお，世代間格差はほとんどみられなかった．

4.2.2　意識調査にみる外来語の「意味の分かりにくさ」
【外来語の意味が分からなくて困るか】

『世論2012』では，「日頃，読んだり聞いたりする言葉の中に出てくる外来語や外国語などのカタカナ語の意味が分からずに困ること」が「ある」人は78.5％（1996-89.2％）と8割弱である．「よくある」が21.0％，「たまにはある」が57.5％となっている．「困ることはない」は20.9％（1996-10.2％）と2割強である．『世論1996』と比較すると，「困ることがある」人は10ポイント増え，「困ることはない」人は10ポイント減っている．また，表4.1にみるとおり高年層ほど「よくある」と回答する人の割合が高くなっている．

『意識』では，日頃読んだり聞いたりしている言葉のなかで，外来語や略語の意味が分からずに困ったことは「しばしばある」24.4％と「時々ある」53.3％を合わせて77.7％と8割弱が「ある」と回答している．「ない」は「あまりない」16.3％と「めったにない」4.8％で21.1％である．60歳以上の高年層は「しばしばある」が男性36.1％，女性37.8％で，ほかの年齢層に比べ高くなっている．

『読売』では，ふだんの生活でカタカナ語が分からずに困ることが「ある」人は87.6％（「よくある」23.0％，「ときどきある」30.5％，「たまにある」34.1％）

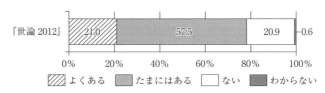

図 4.2 外来語が分からずに困ることがあるか(『世論 2012』より)

表 4.1 年代別「外来語が分からずに困ることがある」(『世論 2012』より)

	16〜19歳	20歳代	30歳代	40歳代	50歳代	60歳以上
よくある	6.8	9.1	8.6	11.0	21.1	31.4
たまにはある	52.7	61.7	63.9	67.6	62.5	50.1
ある(計)	59.5	70.9	72.5	78.6	83.6	81.4

で,困ることが「ない」人は11.8%である.高年層ほど「よくある」割合が増え,20歳代は8.0%なのに対し,70歳以上では42.4%となっている.

『NHK』では,テレビや新聞で使われている外国語や外来語の意味が分からずに困った経験が「ある」は8割強(「よくある」29.2%,「ときどきある」51.0%),「ない」は2割弱(「あまりない」14.1%,「めったにない」4.6%)である.

いずれの調査によっても,外来語が分からずに困ったことが「ある」人は,約8割に上る.また,高年層ほど「よくある」の割合が高くなることが分かる.

以上のことから,7〜8割の人が「量の多さ」と「意味の分かりにくさ」に困っており,これらは現在でも外来語の二大問題だということができる.また,外来語の「意味の分かりにくさ」には世代間格差があると指摘できる.

しかしながら,外来語の量が多い,意味が分からないと感じるのも人々であれば,外来語を使うのも人々である.では,なぜ人々は外来語を使うのだろうか.次項ではその点について意識調査をもう一度みてみよう.

4.2.3 意識調査にみる外来語の使用実態
【どの程度外来語を使っているのか】

『読売』によれば,「よく使う」17.0%,「ときどき使う」43.7%を合わせて60.7%と6割を超える人が「使う」と自覚している.「使わない」人は「あまり」27.1%と「ほとんど」11.2%を合わせて38.3%となる.しかし,20歳代と30歳

代では「使う」と自覚している人は 86.5％，82.6％と 8 割を超える．それに対し，60 歳代では 42.6％，70 歳以上では 24.4％とここでも世代間格差が目立つ．

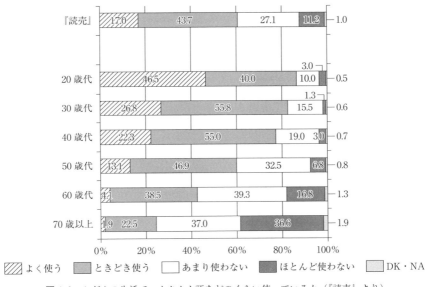

図 4.3 ふだんの生活で，カタカナ語をどのくらい使っているか（『読売』より）

【外来語を使うことは好ましいか】

また，『世論 1999』『世論 2002』『世論 2007』『世論 2012』では，「日常生活の中で，外来語や外国語などのカタカナ語を交えて話したり書いたりしていること」を好ましいと感じるかと同一の質問をしている．「どちらかと言うと好ましいと感じる」と回答した人は 9.3％（2007-14.5％，2002-16.2％，1999-13.3％），「どちらかと言うと好ましくないと感じる」と回答した人は 35.3％（2007-39.8％，2002-36.6％，1999-35.5％）で，外来語使用に否定的な人のほうが多い．しかし，最も多いのは，「別に何も感じない」人で 54.0％（2007-43.7％，2002-45.1％，1999-48.8％）と最新の調査では半数以上を占める．

どのような人が外来語を躊躇せずに使うかと考えると，「どちらかと言うと好ましいと感じる」人と「別に何も感じない」人ではないだろうか．その合計は 63.3％と 6 割に上る．上記の『読売』（図 4.3）では「外来語を使う」と回

答した人が60.7％であったが，その数値と大差がないことが分かる．

【なぜ外来語を使うのか】

7〜8割の人が「量の多さ」「意味の分かりにくさ」という問題を抱いているにもかかわらず，6割の人が使っていると自覚している．人々はなぜ外来語を使うのだろうか．さまざまな調査や書籍にみる外来語使用の理由をまとめてみよう．

(1) 外来語でなければ表せない物事があるから
　　従来の日本語になかった物事や考え方が表せるから
　　従来の日本語では表せなかった微妙な感じが表せるから
(2) 外来語のほうが分かりやすいから
(3) 新しさ/しゃれた感じ/高級感などを表すことができるから
(4) 婉曲的な表現ができるから
(5) 日本語や日本文化が豊かになるから

ほかにもあるかもしれないが，大方上記の五つにまとめられよう．

(1)は借用語ならではの理由である．新しい物事や概念に伴って言葉も伝来するのであるから，従来の日本語では対応できない場合が多いのは当然である．そこで，新語を造ることになる．そのときに，その物事や概念に当たる和語や漢語を造ればよいのだが，今の日本にはその努力をする人もそれを統一して考える機関もない．何より外来語はカタカナにするだけで済むので簡便であり，時間をかけずに新語を取り入れることができ，造語による意味のずれなども防げる．それで垂れ流しとなり，「量の多さ」につながる．

(2)は意味を理解している人間同士なら，外来語のほうが意味が伝わりやすい，ということである．下手に言い換えたり説明を付したりすると，意味がずれる場合もあり，たとえば研究職や専門職など正確さに重きをおく世界では，原語そのものまたは外来語が好まれる．また，理解している人間が限られる場面では，外来語は隠語（仲間内だけで通じる言葉）となり，外部の人間にとっては「分かりにくい外来語」となる．

(3)は感覚的に外来語が好まれる理由である．「新しさ」にはまだ人々が知らない，分からないという前提が必須である．つまり，「意味の分かりにくさ」があるからこそ新鮮なのである（国立国語研究所，2006：12-13）．イメージ戦

略が重要となる広告やコマーシャル（CM）で外来語が多用される理由でもある．しかし，時間が経ち，物事がありふれたものになり，外来語に手垢が付いてしまうと，新しさは古さに，しゃれた感じはダサさに，高級感は安っぽさに変わりやすい．

　(4) も外来語が感覚的に好まれる理由である．ただし，「便所」が「トイレ」や「WC」になる婉曲さと「性的嫌がらせ」が「セクハラ（セクシュアル・ハラスメント）」になるそれとは少々異なる．「セクハラ」は定着しており，その概念を（正確かどうかは別として）広めた功績はあるが，ちゃかして使われることが少なくないためか，「メタボ（メタボリック・シンドローム）」同様，その語感にはその語が本来持つ深刻さは感じられない．婉曲さが不正確さにつながる例である．

　(5) は新しい物事や概念と一緒に新語が入れば当然の結果である．全く新しい場合はいいが，和語や漢語の類義語がすでにある場合には問題となる．類義語にない意味やイメージを持つことで類義語との住み分けを図ることもあれば，外来語が類義語に取ってかわることもある．取ってかわるときは，使われなくなる語も生じるため豊かになるとはいえない．また，「イメージアップ」など日本で造られる和製外来語もある．和語や漢語の類義語がある外来語や和製外来語は，日本語を豊かにするどころか破壊すると考える人も少なくない．

　以上，(1) から (5) まで外来語の「功」をみてきた．しかし，「簡便さ」は「多さ」に，「分かりやすさ」や「新しさ」は「分かりにくさ」に，「婉曲さ」は「不正確さ」に，(5) の「豊かさ」は「伝統破壊」に，と外来語の「功」と「罪」とは表裏一体の関係にある．良いと思って使うことが，ともすると問題に直結するということを，使い手は理解した上で使うべきであろう．

【外来語の種類】

　上記の (2) にみるような専門用語やある職業集団に特殊な語を石野（1977）は「専門外来語」と呼び，それがマスコミなどを通して一般化[4]して大衆の生

---

[4] 石野（1977）は一般化の最初の段階として「インテリ外来語」を設け，「エンターテイメント，コミュニティ，エコロジー」などを挙げるが，高学歴社会・高度な情報社会である現代日本においてインテリはそれほど特別なものでもないため，本章では「インテリ外来語」は取り上げないこととする．

活に用いられるようになったものを「生活外来語」と呼ぶ．また，(3) の広告やCMに使われる外来語を「商業外来語」としている．そして，「専門外来語」は知的な意味内容の伝達が使用目的であるとし，「商業外来語」は情緒的感覚的に，あるときは目立たせるため，あるときは特別な雰囲気をかもし出すために使用すると説明している．

また，国民全体に情報を周知する義務を負うという意味において公共性の高い機関，たとえば官公庁や報道機関などが国民に情報を伝えるときに使用する外来語を本章では陣内 (2003) に倣い「公共外来語」と呼ぶ．「専門外来語」「商業外来語」「生活外来語」「公共外来語」は基準に整合性がないため，当然のことながら重複する．

4.3 実態調査にみる外来語の「量の多さ」

4.3.1 外来語はどのくらいあるのか

約75%の人に「多い」と思われる外来語は，「氾濫」「乱用」という否定的な言葉で形容されるが，では，現代日本語のなかにどのくらいあるのだろうか．

刻一刻と動いている日本社会において日本語による話し言葉や書き言葉に現れる外来語すべてを取り出し記録することは不可能であるので，すべての日本語における外来語総数は調べられない．また，何を外来語とするかという外来語の定義そのものも前述したとおり難しい．したがって，外来語はどのくらいあるのか，という質問に対しては，限定されたなかでしか答えられない．

【辞典類】

カタカナ語辞典は小規模なものでも1万数千語，大規模なものになると5～6万語を収録する．また，国語辞典では『新選国語辞典　第九版』(2011年) が語

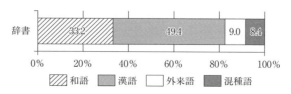

図 4.4 国語辞典における語種比率（小学館『新選国語辞典　第九版』より）

種比率を掲載しているが，それによると，外来語は6886語で全体（一般語数76536語）の9.0％を占めている．一般的に国語辞典には定着度の高い語が掲載されるので，新語も掲載するカタカナ語辞典に比べると外来語の数は抑えられる．

【コーパス類】

可能な限り広い範囲において外来語の量を測定できるものは大規模なコーパスであろう．2013年時点で入手可能な現代日本語のコーパスは，2005年の『日本語話し言葉コーパス』（以下，『CSJ』）と2011年完成の『現代日本語書き言葉均衡コーパス』（以下，『BCCWJ』）である．『CSJ』は，主に人文系，理工系の学会講演と一般の人のスピーチという2種類の独話で成り立っている．対話も収められているが，4％ほどに過ぎない．『BCCWJ』は文学作品をはじめとする書籍，新聞，雑誌，広報紙，教科書，ブログなど多種多様な書き言葉を対象としている．双方とも国立国語研究所が構築したコーパスである．

図4.5と図4.6をみると，『CSJ』と『BCCWJ』とでは単語を数える単位の認定方法[5]が異なるため，単純比較はできないが，どちらも延べ語数（同じ語が3回出てきたら3と数える方法）で4〜5％，異なり語数（同じ語が何回出てきても1と数える方法）で18％強と，よく似た結果となっており，外来語はさほど多くはない．

話し言葉における外来語数はテーマに左右される可能性が否めず，書き言葉は外来語が多い媒体と少ない媒体とがあるため，規模が大きくなると相殺され

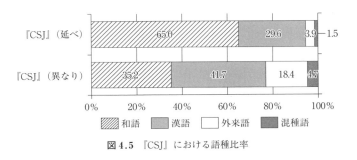

図4.5 『CSJ』における語種比率

---

5) 単位認定については，『CSJ』は小椋（2006）を，『BCCWJ』は小椋・冨士池（2011）を参照されたい．

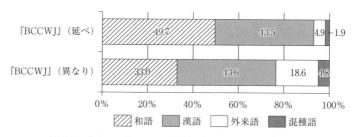

図 4.6　『BCCWJ』における語種比率（小椋（2007）[6]より）

てしまうのかもしれない．以下では，媒体を限定したデータをみていこう．
【雑誌と広告，CM の「商業外来語」】
　1994 年発行雑誌を対象にした『現代雑誌の語彙調査—1994 年発行 70 誌—』（以下，『70 誌』）の本文のみと広告のみの語種比率を図 4.7, 4.8 に示す．また，『テレビ放送の語彙調査 1—方法・標本一覧・分析—』（以下，『テレビ』）から 1989 年放送の番組本編と CM それぞれについて音声データと文字（画面）データにおける外来語の比率を取り出し，表 4.2 に示す．いずれも国立国語研究所の調査（国立国語研究所，1995；2005b）である．
　まず，『70 誌』であるが，図 4.7, 4.8 によれば，延べ語数は本文が 10.7％，広告が 17.6％，異なり語数は本文が 30.7％，広告が 40.7％に上る．これこそが人々の感じている「量の多さ」を裏づける数値ではないだろうか．次に，表 4.2 をみると，テレビ本編の外来語は多いとはいえず，テレビ CM の外来語は本編より 10 ポイント以上多くなる．また，音声データより画面（文字）データのほうがさらに多くなり，延べ，異なりともに 20％前後に上ることが分かる．
　なお，雑誌の本文と広告を比べると，広告では和語が激減し，外来語が増えるという特徴がみられる．この点に関して樺島（1981：157）は「ポスターや広告では文章に加わる量的制約が強い．少ない言葉数で効果をあげなければならない．必然的に，述べようとする内容に密接な関係を持ち，意味が限定された重要な語だけを選び，基本的な語は省略する方向に向かう．そこで外来語の

---

[6]　小椋（2007）では，和語，漢語，外来語，混種語のほか，固有名と記号，不明も含んだ数値を掲載している．本章ではほかのものと比較するため，和語，漢語，外来語，混種語の四つで語数の総数とその割合を計算しなおしている．

4.3 実態調査にみる外来語の「量の多さ」

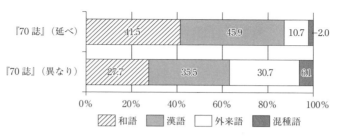

図 4.7 『70 誌』本文における語種比率

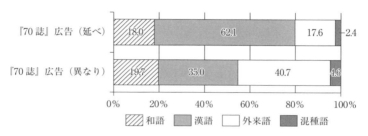

図 4.8 『70 誌』広告における語種比率

表 4.2 『テレビ』本編と CM における外来語の比率[7]

		和語	漢語	外来語	混種語
本編 (延べ)	音声	70.5	16.4	3.1	7.4
	画面	16.1	26.3	5.4	17.4
本編 (異なり)	音声	61.3	21.5	3.5	10.0
	画面	19.0	28.0	6.5	21.0
C M (延べ)	音声	54.2	14.5	16.8	11.0
	画面	18.8	22.4	19.8	18.3
C M (異なり)	音声	52.9	16.7	15.7	11.5
	画面	21.0	25.1	20.1	20.2

使用が多くなる」と説明する．これはテレビの画面にも通じる指摘である．

【新聞と広報紙，白書の「公共外来語」】

次に，国立国語研究所「外来語」委員会編（2006）から公共性の高い媒体に

---

7) この調査では，語種の比率の値は中央値で示しているので，和語，漢語，外来語，混種語の比率の合計が 100 になるわけではない．

おける外来語の比率を引いておく．これらは2003年に発行された新聞，広報紙，白書の語種比率（延べ語数）である．図4.9にみるとおり，公共外来語の比率はおよそ3～4%と大きくはない．

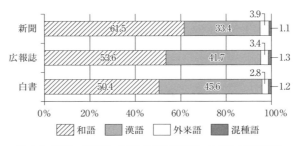

図4.9 新聞・広報紙・白書（2003年発行）における語種比率

なかでも新聞に外来語が多くないという点は意外に感じる．その理由について関根（2012：168）は「新聞は時事・世相を伝えるものだから，ある語の世間一般での使用量と，紙面における出現量は当然，比例する．（中略）しかし，表記に関してはできるかぎり統一するようにしており，その選択の根拠においてその時点における世間一般での使用頻度の高さは必ずしも優先されない．不特定多数の読者を持つ新聞は，用字・用語について「世間よりも数歩下がった」保守的・伝統的な立場を取っているからで，新語・新用法の使用についても抑制的に対処しているのはいうまでもない」と述べている．その努力の結果が3.9%なのである．ただし，後述するように増加はしている．なぜ新聞に外来語が多いように感じるのか，という点については「なじみのない分かりにくい外来語が短期間に集中して現れ，理解が深まらないまま消えていくことがその一因ではないか」（p.172）と指摘している．

この項では，現代日本語における外来語数や割合をみてきた．さほど多くないもの（新聞，広報紙，白書，書き言葉全体）をみると，延べで3～5%，異なりで10～20%であり，多いもの（雑誌，広告，CM画面）をみると，延べで10～20%，異なりでは20～40%となる．媒体により，外来語の多寡があるといえる．7～8割の人々が「外来語が多い」と感じる理由の一つには，よく

目にする雑誌や広告, CM 画面の商業外来語が多いということが挙げられよう. しかも, これらは新奇性を狙うがゆえに, 初めて見る, 意味の分からない語であることが少なくないのである (4.2.3 項参照).

一方で, 量が多くないものは問題がないかといえばそうではない. 田中 (2006：44-46) では, 新聞, 広報紙, 白書各媒体における使用頻度の高い外来語の理解率を調べ,「広報紙によく使われる外来語は定着している言葉が多いのに対して, 白書によく使われる外来語には定着が不十分な言葉も目立つことが分か」ると指摘している点は見過ごせない[8]. 各省庁では, 新しい政策や事業を外国から学んで導入することが少なくないため, 重要な概念を表すキーワードはおのずと「専門外来語」が多くなる. そして, その政策や事業を白書や公文書を通して伝えるのは, 官僚や専門家である. 彼らにとっては「専門外来語」は分かりやすく概念を正確に伝えられるということで, そのまま使用されやすい. 白書や国の文書には「専門外来語」が流出するので分かりにくい, ということになる.

4.3.2 外来語は増加しているのか

ここでは, 外来語は増えているのかという視点で, 定着度の高い語を掲載する辞典, 公共性の高い新聞, 外来語が多い雑誌という三つの媒体における外来語の増加の実態をみていく. 話し言葉は比較可能な資料がないため割愛する.

【国語辞典】

図 4.10 は,『図説日本語』(林監修, 1982) から『例解国語辞典』(1956 年) と『角川国語辞典』(1969 年) の 2 冊の辞典の語種比率を引用し, 前項の図 4.4 に掲載した『新選国語辞典』(2011 年) を加えたものである. これらの辞典は性格も語の認定方法なども異なるため単純に比較はできないが, 外来語が増えている傾向がみてとれる.

【新聞】

次に, 新聞を取り上げよう. 前節で新聞における外来語の比率は 2003 年時点で 3.9％と決して高くはなかった. 読者を考慮して使用を抑制しているとの

---

[8] 同様の指摘が樺島 (2004：96) にも見出せるが, 樺島 (2004) は個々の語の定着度を測定した上で分かりにくい外来語を選定しているわけではない.

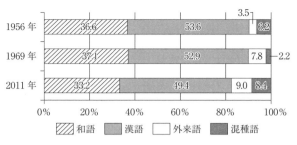

図 4.10 国語辞典における語種比率

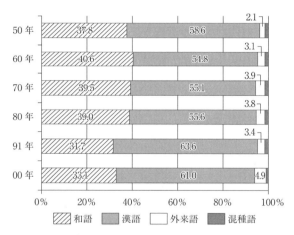

図 4.11 新聞記事における語種比率 延べ語数（混種語の数値省略）

報告もあった．しかし，1950年から2000年の新聞をほぼ10年おきに調査した金（2011：13-15）によれば，新聞の外来語は増加している．1950年には2.1％だった外来語は漸増し，2000年には4.9％にまで上昇している（図4.11参照）．50年間で2倍以上の増加である．

橋本（2010）の調査によっても，新聞の外来語が増加していることが認められる．1911年から2005年までの95年間の社説を対象に，外来語の出現率を調べ，図4.12にみるようなグラフにしている．このグラフは，外来語の増加の事実だけではなく，どのように増加しているかを物語る．橋本（2010：69）はこの変化を「大正時代から昭和戦前にかけてはゆっくりと漸増する．戦後，

4.3 実態調査にみる外来語の「量の多さ」

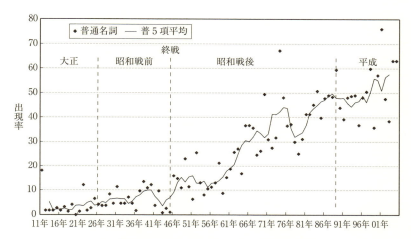

図 4.12 朝日新聞社説における外来語（普通名詞）の出現率

50 年代後半から増加が急速に進むが，60 年代後半から 70 年代にかけて停滞に転じる．80 年代以降は安定的で緩やかな増加が進行する」と説明している．

また，新聞以外の媒体における外来語の増加過程も調査し，以下のように結論づけている．「外来語の増加過程は，様々な資料に共通して，「はじめはゆっくり，半ばで急速に，最終段階では再び緩やかに」という典型的な成長過程に見られる S 字カーブを描く．ただし，その増加開始の時期や増加スピード，飽和水準は資料によって異なる」．したがって，「最近外来語が多すぎる」という批判が常に存在するのは，言語資料によって外来語の増加時期が違うために，いつもどこかで外来語が急増しているからであると考えられる，としている．

【雑誌】

雑誌は二つの調査を比べる．一つは，1956 年発行の雑誌を対象にした『現代雑誌九十種の用語用字』（以下，『九十種』）であり，もう一つは，1994 年発行雑誌を対象にした『現代雑誌の語彙調査—1994 年発行 70 誌—』（以下，『70 誌』）である（国立国語研究所，1964；2005b）．『九十種』に合わせ『70 誌』も広告を除いた本文の数値を使用する．

異なり語数（図 4.13，4.14）は 1956 年から 1994 年までの 38 年間で 9.8% から 30.7% と 3.1 倍に激増していることが分かる．和語と漢語を比べると減少

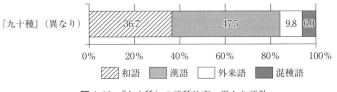

図 4.13 『九十種』の語種比率—異なり語数

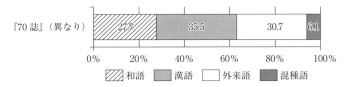

図 4.14 『70誌』（本文）の語種比率—異なり語数（図 4.7 と同一）

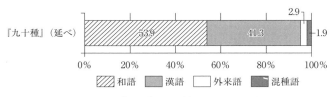

図 4.15 『九十種』の語種比率—延べ語数

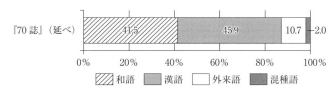

図 4.16 『70誌』（本文）の語種比率—延べ語数（図 4.7 と同一）

率は漢語のほうが大きく，外来語は漢語にかわる傾向にある．また，異なり語が増加しているということは，多様な語が使用されている，ということである．

次に，延べ語数（図 4.15, 4.16）は 38 年間で 2.9％から 10.7％と 3.7 倍も増加している．このことから，外来語の絶対数が多くなっていることが分かる．また，異なり語数より延べ語数の増加率が大きいことを考えると，同じ語が繰り返し使われる傾向にある，といえる．これに関連する研究として宮島（2008）

がある.『九十種』と『70誌』の上位1000語を比較した結果,表4.3にみるように「和語がへって漢語がふえ,外来語が激増している」.和語は79語減少,漢語は30語増加,外来語は53語増加している.よく使われる外来語が増加していることが分かる.

表4.3 『九十種』と『70誌』の上位1000語の比較

	和語	漢語	外来語	混種語	合計
『九十種』	578	386	18	18	1000
『70誌』	499	416	71	14	1000

なお,同論文は上位1000語について,『日本国語大辞典』に記述されている初出例の出典の年に基づいて,その語がいつごろから使われるようになったかを調査している(表4.4).限られた語における傾向ではあるが,19世紀には漢語の新語が増加し,19世紀後半から20世紀前半にかけて外来語の新語が増加している.特に20世紀前半[9]には外来語の増加度は漢語のそれを抜いていることが分かる.

表4.4 『70誌』の上位1000語の初出出典年代(『九十種』は参考)

年代	『九十種』	『70誌』	和語	漢語	外来語	混種語
～650	5	9	1	8	0	0
		中略				
1801～1850	915	829(+48)	496(+1)	322(+47)	0(+0)	11(+0)
1851～1900	990	956(+127)	499(+3)	407(+85)	36(+36)	14(+3)
1901～1950	1000	998(+42)	499(+0)	416(+9)	69(+33)	14(+0)
1951～2000	1000	1000(+2)	499(+0)	416(+0)	71(+2)	14(+0)

( )内の数値は,それ以前の年代の増加量を示す.「1801～1850」のものは,1751～1800の増加量である.なお,計算ミスは訂正している.

【その他】
このほか,野村(1977;1984)では,20年の間を取り,『現代用語の基礎知識』2冊において外来語の見出しがどの程度増えたかを調査している.野村(1977)

---

[9] 宮島(2008:202)は「外来語は20世紀後半に漢語をおいぬく激増ぶりである」と説明しているが,これは20世紀前半の誤りだと思われる.

では 55 年版と 75 年版のタ行を対象に，野村（1984）では 60 年版と 80 年版の全見出し語を対象にした比較である．語の認定方法や対象の範囲が異なっているため，乱暴すぎるきらいはあるが，4 冊の結果をまとめて表 4.5 に示す．年代が下るにつれ外来語の割合が増加していることが分かる．

表 4.5　新語辞典にみる外来語の割合

	1955 年版	1960 年版	1975 年版	1980 年版
外来語の割合	40.8%	43.1%	46.4%	57.6%

また，佐竹（2002）は新聞の生活家庭面における外来語を調査し，規模や調査方法は全く違うと断りを入れた上で，『九十種』と比較して外来語の比率が増加していることを確認している．さらに，山田（2005）は 1871（明治 4）年から 2003（平成 15）年までの 133 年間の 362 の小説における外来語を調べ，昭和中期（60 年代）から後期にかけて急増していると明らかにしている．その増加に呼応するかのように 60 年代に入り外来語批判が新聞紙上を賑わせ始め，70 年代から 80 年代にかけて批判が先鋭の度を増してくると指摘する．

以上のことから，現代日本語において，外来語は着実にその数を増やしてきているといえる．新語を真っ先に取り入れる雑誌や新語辞典の類はむろんのこと，規範性や公共性の高い国語辞典や新聞に至るまで，その度合いは違えどもすべての調査対象で増加が認められた．増加しているという実感が，7～8 割もの人が「量が多い」と感じる理由の一つかもしれない．しかし，その増加に対して，日本政府は何ら対策を講じてはこなかった．その結果，外来語は「一般的な成長曲線を描いて増加してきた」（橋本，2010）のであろう．

4.4　言語政策にみる外来語の「意味の分かりにくさ」

4.3 節では外来語の「量の多さ」という問題について意識調査や先行研究により日本語の実態をみてきた．ここでは，外来語のもう一つの問題「意味の分かりにくさ」について考えてみよう．

4.4.1 二つの答申——国語審議会の変化

2000年は日本語における外来語の捉え方が大きく変わった年であると言っても良いだろう．というのは，その年に国語審議会から『国際社会に対応する日本語の在り方』という答申（以下，『2000年答申』とする）が出されたからである．この答申で，これからの国際社会で外来語・外国語が日本語の問題となると位置づけた意義は大きい．

その，ちょうど10年前の1991年に『外来語の表記』（以下，『1991年答申』とする）という国語審議会答申が出ており，その前文で外来語問題に少しだけ触れている箇所がある．まずは，この二つの答申がどのように外来語問題を認識しているかが分かる部分を引用し，比較検討してみよう．

●1991年『外来語の表記』答申
「前文[その他]2 外来語，外国語のいわゆる氾濫の問題について」
この問題は直接表記に結びつくものではないが，関連する問題として総会を中心に論議をした．必要以上に外国語を使うことは望ましいことではないという意見とともに，必ず自然に淘汰され，必要なものだけが定着していくだろうという意見があった．

●2000年『国際社会に対応する日本語の在り方』答申
「Ⅲ国際化に伴うその他の日本語の問題 1 外来語・外国語増加の問題 （2）外来語・外国語増加の問題についての考え方」と付表より抜粋
国語審議会は，日本語による社会的なコミュニケーションが今後一層適切に実現されるとともに，これからの日本語が国際化時代にふさわしい平明・的確な伝達の機能を一層十分に備えていくべきであるという認識に立つ．その意味で，読み手や聞き手の理解に対する配慮を欠いた外来語・外国語の使用や不必要に表現をあいまいにするような外来語・外国語の使用は望ましくないと考える．（中略）
外来語・外国語を使用するか否かは，一般的には個々人の判断に属する事柄であり，外来語のイメージを活用することも一概に否定する必要はないが，官公庁や新聞・放送等においては，発信する情報の広範な伝達の必要性及び人々の言語生活に与える影響の大きさを踏まえ，一般に定着してい

ない外来語・外国語を安易に用いることなく，個々の語の使用の是非について慎重に判断し，必要に応じて注釈を付す等の配慮を行う必要がある．また，受け手である一般の人々も，送り手である各機関，あるいは専門家等に対し，一般向けの発行物等における外来語・外国語の取扱いに関する配慮を積極的に求める姿勢を持つことが望ましい．（後略）

表 4.6 広く国民一般を対象とする官公庁や報道機関などにおける外来語・外国語の取扱いについての考え方

I	分類	広く一般に使われ国民の間に定着しているとみなせる語
	取扱い	そのまま使用する
	語例	ストレス，スポーツ，ボランティア，リサイクル，PTA
II	分類	一般への定着が十分でなく，日本語に言い換えたほうが分かりやすくなる語
	取扱い	言い換える
	語例	アカウンタビリティー → 説明責任など，イノベーション → 革新など，インセンティブ → 誘因・刺激・報奨金など，スキーム → 存在・図式など，プレゼンス → 存在・出席など，ポテンシャル → 潜在的な力など
III	分類	一般への定着が十分でなく，分かりやすい言い換え語がない語
	取扱い	必要に応じて，注釈を付すなど，分かりやすくなるよう工夫する
	語例	アイデンティティー，アプリケーション，デリバティブ，ノーマライゼーション，ハードウェア，バリアフリー

『1991年答申』は「表記」についての答申であったにもかかわらず，「氾濫」という用語を使っているところから，外来語の「量の多さ」は目に余るものだという認識があったと理解できる．しかし，対策については，必要以上に使うべきではないという意見とともに，自然淘汰されるだろうという放置論も載せている．つまり，二つの意見を並列したに過ぎず，傍観者的立場を取っているといえる．それに対して，『2000年答申』では，送り手（外来語の使い手），特に正確な情報伝達の必要な官公庁や報道機関に対し，使用に配慮を求めるとともに，表4.6にみるように，配慮の仕方を示している．『1991年答申』は表記に関するものだったということを承知の上で，あえていうならば，「何もせずに氾濫を嘆く状態」から「深刻な問題を認識し，解決しようとする状態」へと転換している．この転換の意義は大きい．

この転換を可能にするのは，氾濫している外来語を，雑誌や広告，CMに使用される「商業外来語」と官公庁や報道機関の「公共外来語」に分けて考える

視点と，公共外来語については，自然淘汰を待つ余裕はなく，今分からないと国民に不利益を与えるという視点とを持つことであろう．前者については，たとえば最上（1984：30）に「行政機関の安易なカタカナ語の使用—使う必然性をもたない外来語や新奇さだけをねらったカタカナ新造語，国民を煙にまくような難解な外来語の使用は，風俗・商業分野にはんらんする情緒語の使い方とあまり変わるところがない．（中略）少なくとも「開かれた行政」を目指す以上，「わかりやすさ」を第一にした用語の選択に，行政機関は責任をもつべきであろう」という指摘がある．「行政機関の使う外来語」と「風俗・商業分野にはんらんする情緒語」とを分けた上で「あまり変わらない」とする．また，後者については，1989年と1997年の二度にわたり小泉純一郎厚相（当時）が厚生省の作成する文書には国民に分かりにくいカタカナ語が多すぎるとして，用語適正化委員会を設立した．このような問題意識が文化庁（1998：39）に「国の省庁や地方自治体では，特に一般の人に向けた言語表現では外来語の濫用を避け，使う場合も別の和語・漢語で説明を補う工夫をするなど，国民に分かりやすい行政の言葉を目指す努力を従来同様継続する必要があるでしょう」と書かせ，『2000年答申』に至っているように感じられる[10]．

なお，『2000年答申』では受け手に対しても官公庁や報道機関に配慮を要求するよう述べている．冒頭のNHKに対する訴訟は，受け手が報道機関に「外来語・外国語の取扱いに関する配慮を積極的に求める姿勢」を表したものであり，『2000年答申』が具現化されたものである．その意味では，この訴訟は国語審議会が司法に出した課題とも考えられよう．

4.4.2　国立国語研究所「外来語」委員会

しかし，『2000年答申』は内閣告示・訓令にならなかったため，「常用漢字」や「現代仮名遣い」「外来語の表記」（『1991年答申』）とは異なり，官公庁に

---

[10]　外来語に関しては，第19期国語審議会の報告（1993年）に掲載された「官公庁等の新奇な片仮名語の使用」からの検討事項である．ここに挙げた例が『2000年答申』に直接影響を与えているかどうかは検証していないので分からないが，最上（1984）や厚生省の1989年と1997年の取組みに示されるような問題意識が『2000年答申』には不可欠だった，という意味である．

おいて周知徹底されることはなかった．また，仮に『2000年答申』に従おうとしても，個々の語の定着度が分からなければ，表4.6の3種類に分類するのは主観で行うしかない．したがって，官公庁は相変わらず分かりにくい外来語を使い続けていたのではないか．そう推測できる出来事が2002年5月の経済財政諮問会議において起きた．当時の小泉純一郎首相[11]が片山虎之助総務相の使った「アウトソーシング」「バックオフィス」「インキュベーター」という外来語について「私が分からないのに，町内会の人たちは分かるのか」と苦言を呈した．片山総務相は「これでも役所は抑えている．日本語でカバーできない部分もある」と釈明，同席していた大正生まれの塩川正十郎財相が「本当に僕ら置いてきぼりをくっている」と言ったという（『朝日新聞』2002年5月17日付）．これがきっかけとなり，2002年8月に国立国語研究所に「外来語」委員会が設置された．

【「外来語」委員会の目的】

「外来語」委員会に対しては当初「言い換えを強制されるのか」「表現の自由が奪われる」といった誤解に基づく厳しい批判も少なくなかったが，委員会が目指したところは，言葉狩りではない．公共性の高い場面で円滑にコミュニケーションするために，官公庁や報道機関などが言い換えや注釈をする際の基本的な考え方と基礎資料を，具体的に提供することであった．国民に周知すべき情報伝達に使われる「公共外来語」を対象としたのである．

そして，白書，広報紙，新聞から多用される外来語を取り出し，個々の外来語について，「認知率」「理解率」「使用率」を調査した．そのなかの「理解率」を使って，理解率75％未満（その語を理解する人が国民の4人に3人に満たない段階）を「分かりにくい外来語」と定めた[12]上で，それぞれの語に「言い換え語」「用例」「意味説明」「手引き」「その他の言い換え語例」「複合語例」などを付した．取り上げた外来語数は176語であり，それを2003年4月，2003年11月，2004年10月，2006年3月と4回にわたって発表した．

---

[11] 小泉氏は厚相時代に二度にわたりカタカナ語使用の手引きを作ったのに続き，首相になってからも「国民に分かりやすい言葉遣い」を貫いた人であった．
[12] 理解率は全体と60歳以上と二つ併記している．なお，理解率を求める方法は，テストなどではなく自己申告である．

4.4 言語政策にみる外来語の「意味の分かりにくさ」

【言い換え提案の効果】

では，言い換え提案の効果はあったのだろうか．国立国語研究所が実施した調査をみてみよう（国立国語研究所ホームページ「外来語言い換え提案「外来語」にかかわる調査」）．提案の最中の2003年11月に『自治体調査』，2004年10月に『自治体アンケート第1回』を，最終提案が終わった2006年4月に『自治体アンケート第2回』，それと同時期に『省庁アンケート』を実施している．『自治体調査』は首長をはじめとする職員に，『自治体アンケート』と『省庁アンケート』は文書担当者に送付している．なお，図のなかの国民の数値は前出（4.2節）の『意識』（2004年3月），『意識Ⅱ』（2004年10〜11月）によるものである．

まず，図4.17をみると，外来語言い換え提案の周知度は自治体の職員のほうが国民全般より高いことが分かる．国民全般の周知度は2004年には上向いているというものの，2割弱という結果である．提案の相手は，送り手である官公庁であるので，提案2回目の2003年11月時点で自治体の職員の半数ほどに周知されているという結果はまずまずというべきであろう．

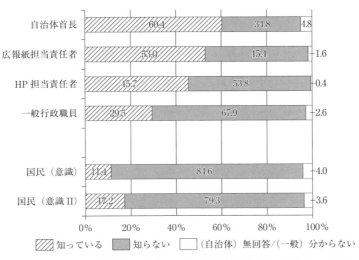

図4.17 外来語言い換え提案の周知度（『自治体調査』『意識』『意識Ⅱ』より）

提案が参考になるかという質問には，「非常に」「ある程度」を合わせると，

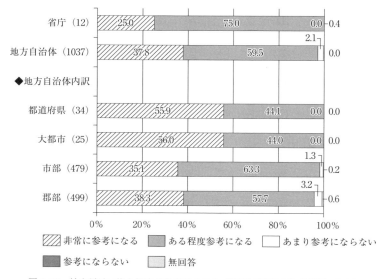

図 4.18 外来語言い換え提案が参考になるか(『自治体第 2 回』『省庁』より)

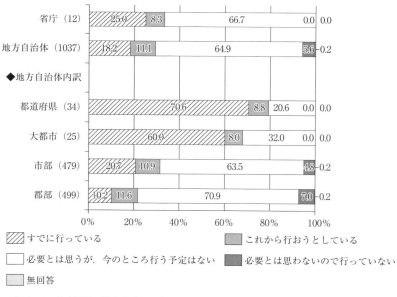

図 4.19 外来語言い換え提案のような試みの実施状況(『自治体第 2 回』『省庁』より)

地方自治体，省庁ともに高い数値を示す（図4.18）．ここでは，都道府県と大都市[13]の「非常に参考になる」という数値が5割を超えている点に注目したい．

言い換えの試みを実施しているかについては地方自治体のなかで大差がみられる．都道府県では7割強が，大都市では6割が，「すでに行っている」が，市部と郡部は10％から20％にとどまっており，合計すると，相殺されて地方自治体の取組みは18.2％となってしまう．図4.18で都道府県と大都市に「非常に参考になる」という回答が多かったのは，すでに言い換えに取り組んでいるところが多いからだということが分かる．なお，地方自治体全体においては，『自治体第1回』では「すでに」が8.9％，「これから」が7.3％と合わせて16.2％であったのに対し，『第2回』（図4.19）では，「すでに」18.2％，「これから」11.1％と合わせて29.3％に伸びている．

この時点で「すでに行っている」と回答した大都市の具体例として，東京都の杉並区役所が『外来語・役所ことば言い換え帳』（2005年）を作成したことが挙げられよう．「外来語」委員会の役目は「使い手が受け手に配慮した言葉遣いをする」よう種をまくことであり，それを育てるのはそれぞれの現場だと考えれば，これは理想的な姿である．

また，4.2節でみたように，『世論2012』によれば，「外来語が多いと感じることがある」人は2007年の調査より10ポイント以上減少している．もしこれが，言い換え提案が一石を投じたことで官公庁や報道機関などが注意を払った結果であるならば，効果が確実に表れているといえよう．しかし，残念ながら本調査は理由を問うていないため，因果関係は分からない．

4.4.3　外来語言い換え提案の問題点と今後

野村（2004：234-238）は，この言い換え提案について，言い換え語に4字以上の長い漢語が多く，同音語，類音語が多く，平明ではないと指摘している．「外来語の乱用が問題になるのは，白書など役所がつくる文書なのだから，漢字を目でみてわかればそれでよいという意見もあるだろう．しかし，それはイイカエではない，カキカエである」[14]．確かに，この言い換え提案は官公庁（白

---

13)　「大都市」「市部」「郡部」はそれぞれ人口規模による市町村の分類である．

書，広報紙）や報道機関（新聞）を対象にしており，書き言葉に重きがおかれている[15]．中山（2003：65）は，1997年に厚生省が作った言い換え語が介護現場ではほとんど用いられていない理由として，漢語は文書には適するが，聞いただけでは分かりにくく，現場では和語に変えられて使われる例もあると指摘している．たとえば「ショートステイ」の「短期入所生活介護」は現場では「泊り」になる．話し言葉にも対応できる言い換え語を考案するのは困難な作業となろう．

　言い換え提案の今後を考えるとき，以上のような言い換え語をどう考案するかという視点のほか，提案そのものをどう行うかについても考えねばならない．

　『意識』『意識Ⅱ』によれば，外来語の言い換え提案が必要だと思う国民は2003年61.3%，2004年67.5%であり，世代間格差も性差もみられない．また，必要だと思う理由については「分かりにくい外来語で困っている人の助けになるから」という考え方に近い人が66.8%と，「外来語よりも伝統的な日本語を大切にしたいから」に近い人31.0%を上回っている．一方，『省庁』『自治体第2回』によれば，省庁，地方自治体ともに8割前後が言い換え提案を「継続した方がよい」と回答している．この結果をみる限り，国立国語研究所の外来語言い換え提案の趣旨は理解され，支持されているようである．

　しかし，日本語になかった物事や考え方を表す語について言い換えたほうがよいかどうかを尋ねると，「言い換えたほうがよいと思う人」[16]は，「ノーマライゼーション」や「インフォームド・コンセント」では5割を超えるが，「シミュレーション」は35.2%，「バリアフリー」は27.0%となる（『意識』）．各語の理解率（『世論2002』）は「ノーマライゼーション」19.7%，「インフォームド・コンセント」35.2%，「シミュレーション」74.5%，「バリアフリー」82.5%と

14）　野村（2004）の指摘はこれにとどまらない．日本語が漢字への依存から抜け出さない限り，日本語そのものの存在が危うくなるという懸念から日本語表記は表音文字によるべきだと主張している．研究所の任務は外来語が増加する真の原因を追究することであり，基礎研究に徹せよとしている．

15）　いうまでもなく議論の過程で話し言葉対応，和語での言い換えが検討され，提案されている語もある．

16）　調査では「言い換えないで外来語のまま使った方がよい」と思わない人を尋ねているが，分かりにくいので，ここでは「言い換えたほうがよい」と思う人とした．

なっており，理解率と言い換えの必要性は反比例することが分かる．すなわち，言い換え提案を継続するためには，国立国語研究所がしてきたような「公共外来語」一語一語の理解率などに関する基礎調査は不可欠であろう．

また，その際に方向性も問題になる．外来語を定着させるために注釈や言い換えを補助的に使用するのか，言い換え語を定着させるのか，である．そして，ここが肝要だが，言い換え語の考案や方向性の決定は，外来語が流入した早い段階で，その分野の専門家が検討し，統一していくことが不可欠である．「早い段階」にする理由は，一度外来語で定着しかけたところに言い換えの「訂正」が入ると混乱するだけで，効果としては手遅れになるからである．「統一する」理由は，各自治体や新聞社に任せていたら，言い換え語も方向性も統一されず，いくつかの言い換え語が併存することとなり，結局のところ不利益を被るのは国民となるからである．その意味では先に杉並区の取組を理想的と述べたが，手放しでは喜べない．

2006年に言い換え提案が終わって9年が経つが，「その次」について政府ははたして考えているのだろうか．「公共外来語」が原因で情報が得られない人が出てこないように今後も見守っていく必要がある．

4.5 言語体系における外来語問題

本節では，「量の多さ」「意味の分かりにくさ」という生活のなかで感じる意識を離れて，研究者が外来語をどのように把握してきたのか，把握しているのかをみていく．この点について論じるときに，外してはならないのが4.3.2項でも取り上げた『現代雑誌九十種の用語用字』（『九十種』）と『現代雑誌の語彙調査—1994年発行70誌—』（『70誌』）である．

4.5.1 『九十種』における外来語の扱い

1948年の設立以来，国立国語研究所は日本語の調査を精力的に行ってきた．なかでも1956年刊行の雑誌を調査した『九十種』については，そのホームページで「とくに規模の拡大という面で画期的な「雑誌九十種」の調査は，単にデータ数が多いだけではなく，取り組んだ時期の早さ，群を抜くデータの統計

的精度など,世界的に見ても先駆的な研究成果です」と紹介している．まずは，『九十種』の調査結果に基づく外来語の分析を確認しておく（国立国語研究所，1964：54-62）．

① 異なり語数 9.8％「漢語が最も多く，和語がこれに次ぎ，外来語，混種語はかなり少ない」．
② 延べ語数 2.9％「外来語と混種語の占める比率は異なり語のばあいに比べてかなり減じている」．
③ 語種と品詞との関係「各語種とも名詞類が最も多いが,特に和語に比して,漢語，外来語，混種語では名詞の占める比率が高くなっている」．
④ 度数別「外来語と混種語は似た分布を示し，度数の大きい語には著しく少なく，小さい語になるに従って増加してゆく」．
⑤ 90種の雑誌を「1. 評論・芸文　2. 庶民　3. 実用・通俗科学　4. 生活・婦人　5. 娯楽・趣味」に分け，語種分布をみると，異なり語数でも延べ語数でも「外来語については，生活・婦人の雑誌が最も多い」．

『九十種』で研究成果として得られたのは,(1) 外来語の量は多くない（①），(2) 外来語は具体物を表す名詞が多い（③⑤），(3) 外来語は基本語に影響を与えない（②④）ということである．

4.5.2 『九十種』の影響
【(1) 外来語の量は多くない】

阪倉（1971：16）は「これほど外来語彙の氾濫し一般語化しているかにみえる現代においても，それが現代語彙全体の中にしめる割合は，異なり語数においてせいぜいが一〇パーセントまで，延べ語数においては，わずかに三パーセントにとどまる」，宮地（1977：370）は「洋語の氾濫が歎じられる一方，その使用頻度を語別に見れば，案外，たかくはないことが知られている」，秋元（2002：71）は「外来語の乱用がよく問題になるが，（中略）異なり語数では10％弱，延べ語数では3％弱にすぎない」．沖森ほか（2006：79）では「外来語の占める比率は意外にも低く，1割未満であることも注意される」など先行研究の記述をみると，量的には世間では氾濫が叫ばれているが，実際はたいして多くないというのが，『九十種』以降の多くの研究者の外来語に対する考え

4.5 言語体系における外来語問題

方だと分かる．そして，この考え方は最後の文献にみるように2005年の『70誌』の刊行以降のものにも見出すことができる．『70誌』を見て初めて雑誌の外来語がこれほど増えていたのかと驚いた人も少なくなかったに違いない．

しかしながら，すべての研究者が外来語の「量の多さ」について論じるときに『九十種』の語種比率をそのまま引用していたわけではない．前述の『現代用語の基礎知識』の調査から外来語の増加を指摘した野村（1977）を引用して，石綿（1982：124）は「上述のように太平洋戦争終了後も外来語の増加が著しいとすれば，近代・現代を通じて大正期以降外来語の増加が引き続きおこっているとみるべきであろう」としている．また，石野（1983：13）では「よく言われる数値は，現に使われていることばのうち，異なり語数でほぼ一〇％，延べ語数でほぼ三％が外来語の使用割合だというものである．これは実は，上記の雑誌九〇種の語彙調査で得られた数字である．つまり，昭和三十一年という古い時点の，しかも雑誌という限られた領域での数字であって，昨今の日本語の現実にどの程度合っているのかは，多分に疑問であると言わなければならない」と『九十種』の数値と実態との乖離を疑う記述に変わっている．文化庁（1997：26）になると，「ただし，上の数値は，四十年も前のデータであり，現在では，それよりも外来語の使用率の数値はもう少し高くなっているのではないかと推測されます」と添えて，『九十種』の数値を示している．以上のように，早くは70年代後半から外来語の増加に着目する研究者もいたが，2005年に『70誌』の研究が公開されるまでは，その増加は推測の形で語られていた．『九十種』の語種比率は現代日本語における外来語の量を示す数値として，およそ40年以上にわたりさまざまな文献に引用されてきた．

【(2) 外来語は具体物を表す名詞が多い】

『九十種』では「外来語については，生活・婦人の雑誌が最も多い」という結果が得られている．この点については，さらに宮島（1967：13-14）が『九十種』のデータから，「多く出てきた1000語」について意味分類を行い，語種と意味分野の関係を分析している．それによると，「漢語は抽象的関係，人間活動に，外来語は，生産物・用具物品に多い．いいかえれば，漢語は抽象名詞に，外来語は具体名詞に多い，ということになる」と説明している．ただし，「これはおもしろい事実だが，今度の調査だけでは，そういう結論をだすのは，ま

だ早すぎるとおもわれる」として，調査の単位が漢語に抽象名詞を増やした原因かもしれないし，『九十種』の雑誌の性質が外来語に具体名詞を増やす原因になっているかもしれない，と慎重な態度を示している．

　しかし，阪倉（1971：16）は「その[17] 非常に多くの部分は，服飾・料理・スポーツなどに関係する名詞や学術語（いわば専門用語や流行語の類）でしめられている」と記述している．また，文化庁（1997：28-29）は『分類語彙表』を用いて外来語は「生産物および用具」のなかでも「衣服，食料，機械」の分野に多く，「人間活動」のスポーツのうちテニスやサッカーに多いと指摘している．宮島（1967）の懸念は無視され，データだけが一人歩きをしている[18]．

【(3) 外来語は基本語彙に影響を与えない】

　外来語の比率をみると，「（延べ語数の比率は）異なり語のばあいに比べてかなり減じている」「（度数の）小さい語になるに従って増加してゆく」ことから，外来語は「基本的な語彙にはほとんど影響を与えていない」（秋元，2002：71）とみられてきた．石綿（1971：353）は「和語，漢語，外来語の三者をごく大ざっぱにとらえているならば，和語は基本の最も基本的な部分をおさえており，漢語と外来語はそれより周辺的な部分に多くなっているということが考えられるのである」と分析している．

　以上のような，外来語は実際には我々が感じているほど多くない，具体物を表す名詞が多い，基本的な語に影響を与えていないという『九十種』の分析結果は，研究だけでなく教育の世界にも影響を与えた．

【(4) 国語教育への影響】

　国語教育においては，陣内（2007：147-151）が1999年の学習指導要領および2004年の検定教科書を調査している．学習指導要領にはただの一語も外来語という言葉は出てこず，小学校の学習指導要領解説に「語句の由来については，「漢語の由来」に関する事項とも関連させて，語源を調べたり，和語，漢語，外来語などの区別についても関心をもったりできるようにする」という一文が

17）「その」は「数が大して多くはない外来語の」を指す．p.136の(1)の引用に続く．
18）　宮島は1967年だけでなく1980年にも語種と意味分野に関する論稿を出している．ただし，その論稿にはデータはあるが，外来語に関する説明はない．多くの研究者は宮島（1980）を引用しているため，宮島（1967）の懸念が表面化しない可能性もある．

掲載されているのみ，と報告している．教科書についても日本語の語彙の知識として外来語を紹介する文章はあるが，現在の日本語の状況を反映させたコミュニケーションの問題として取り上げ，解決するための素材となるような教育をしているものは数少ない，としている．

しかしその点は，2005 年に『70 誌』が出て外来語の増加の現状が明らかになったからといって，すぐに是正されたわけではないようである．田中 (2012) によれば，2008 年の学習指導要領の改訂では外来語の扱いが明示され，外来語教材は知識だけでなく運用面も考えたものに変化しているが，「注意する語句」という語彙教育では相変わらず無視され続けているという．その理由として，外来語には「具体物を指す語や日常語が多いため，わざわざ教育の場で取り上げる必要性が意識されにくかった」ことと外来語の「基本度がかなり低く，語彙の周辺に位置づいているために，語彙体系上重要でなく，やはり取り上げる必要が意識されにくかった」ことを挙げている．これらの理由はまさしく『九十種』の分析結果からみえてくる外来語像であり，新たな研究成果が教育現場に反映されるには時間がかかりそうである．

以上みてきたように，『九十種』によって，外来語は量も大して多くはなく，具体物を示す名詞が多く，基本的な語彙には影響を与えないという考え方が定着していた．そしてその考え方は教育にまで及び，外来語はまともに教育対象として扱われてこなかった．しかし，この陰で「看過できない変化」が潜行していた．これらの変化は増加と並んで，否，今後の展開いかんでは増加以上に，日本語にとっては重要な現象になると思われる．

4.5.3 『九十種』からの変化
【抽象的な概念を表す外来語】

「抽象的な概念」を表す外来語が増えていることを指摘したのは佐竹秀雄である（佐竹，2002）．佐竹 (2002) は，新聞の生活家庭における外来語を調査し，『九十種』と照合している．『九十種』になくて今回の調査で新たに出現した外来語「ボランティア，ケア，ケース，パソコン，ストレス，シンポジウム，ネットワーク，ホスピス，コレステロール，トラブル，リサイクル等」と『九十種』で使用率の高かった外来語「センチメートル，パーセント，スカート，

ページ，ウエスト，ファン，デザイン，カメラ，バス，スター，スポーツ，テレビ，ブラウス，ポケット，ラジオ，チーム，ボタン等」を比較している．その結果,「雑誌九十種調査の時代は，外来語は助数詞以外では，具体的なモノを指し示すのに多く使われていた段階にあった．それが,時代が下るにつれて，外来語が抽象的な概念に用いられるようになってきた．（中略）これだけのデータから断言してはなるまいが，外来語の増加という事実は，具体物から抽象物へと外来語の使用領域の広がりがあってこそ起こり得たと考えられるのである」と結論づけている．この指摘は,「外来語は具体物を表す名詞が多い」という『九十種』以来の定説を見直すものである．

【外来語の侵略】

外来語の別の変化に気づいたのは樺島忠夫である（樺島，2004）．

樺島（1981：177）では「これからの語彙と文字」と題して「外来語と漢語の交替[19]が進」み,「(1) 基本的な部分の四〇―五〇パーセントを，和語と使い慣れた漢語が占める．(2) 残りの大半の部分を外来語が占める．(3) さらに，その残りを漢語と混種語とが占める」と予測している．外来語はますます増加するが，それは基本的な部分以外のところで漢語と交替する形で進められるのであり，基本的語彙になるとはこの執筆時点では考えていないことが分かる．ところが，23年後に刊行された樺島（2004：117）では,「外来語に基本的語彙を侵させるな」と題して「店を開く」場合の「オープンする」,「けずる・きる」の「カットする」を例に挙げ,「使う必要がなく，ほうっておけば基本的な日本語を侵すおそれがある外来語[20]」は使うべきではない，と指摘している．すでに外来語が動詞においても基本語彙のなかに入り込みつつある状況を察知し，警鐘を鳴らしているのである．

---

[19] たとえば,「葡萄酒」が「ワイン」に,「魔法瓶」が「ポット」に，と樺島（1981）では具体物を示す例が多い．
[20]「店を開く」の「オープンする」が「使う必要がない」とは言い切れないのではないか．「オープンする」は新規開店を意味し，毎日の開店は指さないという住み分けがあるのではないだろうか．「オープンはいつですか」と聞かれて「朝10時です」と答える人は少ないと思う．それに比べ,「開店はいつですか」と聞かれた場合，文脈から推測できないときは新規開店と開店時間とで迷うのではないだろうか．それを避けるために「オープン」が使われるようになったとも考えられるのである．

基本語に関しては，野村雅昭が1955年と1975年の『現代用語の基礎知識』における外来語を調査し，「七五年版から削除された外来語には，「チーズ」・「テレビジョン」・「トースター」のように，基本語として定着して解説の必要がなくなったものがみられる」と分析している（野村，1977）．ここに挙げられた3語は外来語に多いとされる「具体物を表す名詞」であるが，外来語を「基本語」と認める記述は先駆的ではないだろうか．

【外来語の基本語化】

　「基本語化」という言葉をはじめて使ったのは金愛蘭であろう．金（2006）は樺島（2004）の「おそれ」を現実のものとして記述する．

　金（2006）では「基本語化」を以下のように定義している．

> 「基本語彙」とは，語彙の中心部にあって，「使用率が大きく，しかも対象とする言語作品あるいは言語体系の中に幾つかの層を設けて考えることができる場合（略），できるだけ多くの層に出現する語の集合をいう」（『国語学大辞典』「語彙」の項．樺島忠夫による）．本稿でいう「基本語」とは，このように規定される「基本語彙」の要素の意であり，したがって，「基本語化」とは，それまで非基本語彙の位置にあった単語が基本語彙の仲間入りをすることと定義できる．（金，2006：30）

そして，新聞で高頻度・広範囲に使われている「トラブル」を例として取り上げ，量的な増加と意味・用法の拡大を通時的資料によって追った上で「基本語化」している語だとする．また，新聞で「トラブル」が重宝がられる理由については，在来の類義語（和語・漢語）の上位語として「それらの類義語が分担するより具体的ないし限定的な意味を広く「概略的に」表すものと考えられる」ため，「詳しい内容がわからず，特定の下位語で表現できない段階でも，とりあえず「（何らかの）トラブル」と書いておけば済ませることができるという点で，記事の書き手（新聞記者）にとっては「都合のよい」単語である」と説明している．

　金愛蘭にはこれまでに「トラブル」と「ケース」の「基本語化」に関する詳細な論稿がある．同じ媒体である新聞からデータを採っているからであろうが，本項【抽象的な概念を表す外来語】で紹介した佐竹（2002）の生活家庭面のデ

ータにも「トラブル」と「ケース」を見出すことができる.

　以上，多用される外来語には具体物だけでなく抽象物を表す語が増えてきており，周辺語だけでなく基本語化する語が現れている実態が『70誌』を待つことなく，徐々に解明され始めた．そして，『70誌』の分析を通して確実なものとなっていく．

　2005年に『70誌』が発表された後，宮島（2008）は『九十種』のときと同様に『70誌』の上位1000語を調査している（表4.3参照）．それによると，『九十種』では1000語中18語しかなかった外来語は71語と激増している．また，表4.4をみると，新たに上位に入ってきた外来語は『九十種』の調査以降に輸入された新語ではなく，それよりも前から日本語にあったものがよく使われるようになったものであることが分かる．この指摘はなじみのある外来語が基本語のなかに入り込んでいることを明示するものである．『70誌』の上位語に目を通してみたところ，「タイプ，セット，システム，オリジナル，サービス，スタイル，ニュー，パワー，バランス，イメージ，ソフト，オープン，トップ，チェック，テーマ」など抽象的な概念を示す語も少なくない．

4.6　これからの外来語

　『NHK』（4.2節参照）によれば，「「外国語や外来語が多すぎる」という意見に対し，なんらかの自粛が必要だと思うか（複数回答可）」という質問に「なにも自粛することはない」と回答した人が38.8％と最も多い．「国・役所が自粛すべきだ」は17.6％，「新聞が自粛すべきだ」は17.1％となる．4.4.3項で紹介した「言い換え提案が必要か」という質問に7割弱が必要だと回答したことと矛盾しているかにみえる．が，矛盾ではなく，言い換えは必要だという気持ちと自粛する必要はないという気持ちとが併存しているとみるべきであろう．言い換えによって便利になるならそれはそれでいいが，自粛するには及ばないということなのであろう．

　石野（1977）は，商業外来語は送り手が「受け手の意向を考慮しすぎるところから，この種の外来語が生まれることは明瞭である」「受け手が一般に外来語に対して寛大で，しばしば喜んで受け入れる，少なくとも拒否はしない」と

4.6 これからの外来語

指摘する．商業外来語の氾濫は送り手と受け手の合意の上なのである．また，樺島 (1981) は日本人の文化に対する態度について「新しいものをどんどん取り入れる」「なんでもごちゃごちゃに混在させる」「整理統一して一つにまとめようとすることは，あまり好まない．むしろ混在，併存を上手に利用して生活し，整理は自然にまかせ，なるようになることを尊重する」と説明している．和辻 (1962) の「文化の重層性」である．そして，この日本人の態度は日本語の文字に漢字，ひらがな，カタカナ，アルファベットがあり，語彙に和語，漢語，外来語，混種語を擁することとも無縁ではなかろう．すでに和語や漢語の類義語があってもそこに外来語を取り入れて混在させ，便利に利用し，自粛はせずに自然に任せている．この態度が日本文化を育ててきたのである．このことを問題にしようとは思わない．

　自然に任せてはいけないのはただ一点，誰かに何かを明確に伝える目的がある場合は，情報伝達に支障をきたさない言葉遣いを相手に応じてすること，である．それは個人的なやりとりでも公共性の高い場面でのやりとりでも同様である．ただし，公共性の高い場面では相手が不特定多数になるので，可能な限り全員が理解できる言葉遣いが必要になるというだけのことである．そして，このことは，何も外来語に限ったことでもない．

　相澤 (2008) は徳川 (1999) が提唱した「ウェルフェア・リングイスティクス」を「福祉言語学」として推し進めていこうとしている．その目指すところは，今までの調査研究を基盤に，さらに一歩進めて「日本語の抱える現実の問題を見据えた，総合的かつ実践的な研究分野」を開拓することである．「外来語」委員会や「病院の言葉」委員会を支えた経験から出てきた方向性である．野村 (2004) には基礎研究に徹せよと批判されたが，そもそも国立国語研究所は現代語を扱い，「言葉を言葉としてだけ研究するのではなく，生活の中で用いられる言葉の姿や働きを見つめようとする考え方を表した」言語生活を重要な研究課題の一つとしており，設立当初からその方向性は示されていたともいえる．

　さて，冒頭の NHK 訴訟，古くからの外来語問題に，現代の司法はどのような結論を与えたのであろうか．

　提訴からほぼ 1 年後の 2014 年 6 月 12 日に名古屋地裁で判決が言い渡された．日本経済新聞（電子版 2014 年 6 月 13 日付）によると，「使用された言葉に不

快感を抱くかどうかは,視聴者の個別事情や価値判断に委ねられる部分が多い」「個別の事情に配慮を求めることは制作編集の自由を妨げる結果にもなりかねない」という理由で,請求を棄却した,という．NHK の公共性を考えれば,多くの視聴者が理解できる言葉を使うべきであり,理解できない外来語の多用は問題だとする論点は,原告個人の「不快感」であり,配慮する必要のない「個別の事情」だとされている．

　この判決理由は,国語審議会の『2000 年答申』や国立国語研究所の「外来語」委員会が提起してきた問題点をも,否定しているといえよう．可能な限り多くの視聴者に分かりやすい言葉を使い,正確に伝達するよう配慮することが,制作編集の自由を妨げることになるのだろうか．古くからの外来語問題はまだまだ終わりそうにない． ［**中山惠利子**］

参考文献

第1章

相澤正夫（2010）「外国語から外来語へ」上野善道監修『日本語研究の12章』明治書院
荒川惣兵衛（1943）『外来語概説』三省堂
石川九楊（1999）『二重言語国家・日本』日本放送出版協会
石野博史（1983）『現代外来語考』大修館書店
石綿敏雄（2001）『外来語の総合的研究』東京堂出版
泉井久之助（1975）『マライ＝ポリネシア諸語』弘文堂
楳垣実（1963）『日本外来語の研究　改訂第3版』研究社
沖森卓也（2003）『日本語の誕生』吉川弘文館
沖森卓也（2010）『はじめて読む日本語の歴史』ベレ出版
沖森卓也ほか（2011）『図解日本の語彙』三省堂
大野晋（1957）『日本語の起源』岩波書店
加藤秀俊・熊倉功夫編（1999）『外国語になった日本語の事典』岩波書店
樺島忠夫（1981）『日本語はどう変わるか―語彙と文字―』岩波書店
亀井孝ほか編（1963）『日本語の歴史1　民族のことばの誕生』平凡社
亀井孝ほか編著（1988-1993）『言語学大辞典1～6』三省堂
亀田尚己ほか（2014）『和製英語事典』丸善出版
木田章義編（2013）『国語史を学ぶ人のために』世界思想社
木部暢子ほか（2013）『方言学入門』三省堂
金水敏・安部清哉編著（2009）『シリーズ日本語史2　語彙史』岩波書店
金文京（2010）『漢文と東アジア』岩波書店
小泉保（1998）『縄文語の発見』青土社
国語審議会（1991）「外来語の表記（答申）」
国語審議会（2000）「国際社会に対応する日本語の在り方（答申）」
国立国語研究所（1984）『日本語教育指導参考書12　語彙の研究と教育　上』大蔵省印刷局
国立国語研究所（2005）『世界の〈外来語〉の諸相』凡人社
国立国語研究所「外来語」委員会（2006）「「外来語」言い換え提案」
国立国語研究所編（2006）『新「ことば」シリーズ19　外来語と現代社会』国立印刷局
国立国語研究所（2007）「公共媒体の外来語」『国立国語研究所報告126』
古田島洋介（2013）『日本近代史を学ぶための文語文入門』吉川弘文館
斎藤純男（2010）『言語学入門』三省堂
真田信治編（2006）『社会言語学の展望』くろしお出版
陣内正敬（2007）『外来語の社会言語学―日本語のグローカルな考え方』社会思想社
陣内正敬・田中牧郎・相澤正夫編著（2012）『外来語研究の新展開』おうふう
高津孝（2008）「ピジン・クレオール語としての『訓読』」中村春作ほか編『訓読論』87-104．勉誠出版

田中建彦（2002）『外来語とは何か』鳥影社
田中春美ほか編（1988）『現代言語学辞典』成美堂出版
田中牧郎（2006）「現代社会における外来語の実態」国立国語研究所編『新「ことば」シリーズ19　外来語と現代社会』38-46，国立印刷局
ディクソン，R. M. W. 著，大角翠訳（2001）『言語の興亡』岩波書店
時枝誠記（1955）『国語学原論　続篇』岩波書店
中村春作ほか編（2008）『訓読論』勉誠出版
橋本萬太郎（1978）『言語類型地理論』弘文堂
橋本萬太郎（1981）『現代博言学』大修館書店
林　大監修，宮島達夫ほか編（1982）『角川小辞典9　図説日本語』角川書店
早川勇（2006）『英語になった日本語』春風社
濱田敦（1984）『日本語の史的研究』臨川書店
平川南編（2005）『古代日本　文字の来た道』大修館書店
松本克己（2006）『世界言語への視座』三省堂
松本克己（2007）『世界言語の中の日本語』三省堂
三中信宏（2006）『系統樹思考の世界』講談社
村上雄太郎・今井昭夫（2010）「現代ベトナム語における漢越語の研究（1）」『東京外大　東南アジア学』19-32
村山七郎（1974）『日本語の語源』弘文堂
柳田国男（1980）『蝸牛考』岩波書店
柳父章（2004）『近代日本語の思想』法政大学出版会
山田孝雄（1934）『国語科学講座Ⅲ　漢文訓読と国文法』明治書院
山田孝雄（1940）『国語の中に於ける漢語の研究』宝文館
高名凱ほか編（1984）『漢語外来詞詞典』上海辞書出版社

第2章

Phillipson, R. (1992) *Linguistic Imperialism*. Oxford University Press.（平田雅博ほか訳（2013）『言語帝国主義　英語支配と英語教育』7-40，三元社）

安達巌（1975）『たべもの伝来史—縄文から現代まで』柴田書店
あらかわそおべえ（1967）『角川外来語辞典　第二版』5-6，角川書店
池田巧，福嶋亮太郎ほか（2011）「中国語音節表記ガイドライン［平凡社版］」(http://www.heibonsha.co.jp/cn/)．（2012年3月2日取得）
石川寛子・江原絢子編（2002）『近現代の食文化』弘学出版
磯村英一ほか編（1985）『現代実用外来語辞典』10-21，ぎょうせい
植村正治（2008）「明治前期お雇い外国人の給与」『流通科学大学論集—流通・経営編—』**21**(1)：1-24
楳垣実（1963）『日本外来語の研究　改訂第3版』研究社
楳垣実編著（1966）『外来語辞典』489-501，東京堂出版
太田雄三（1995）『英語と日本人』231-232，講談社
大谷泰照（2013）『異言語教育展望—昭和から平成へ』くろしお出版
岡本佐智子（2008）『日本語教育能力試験に合格するための社会言語学10』160-166，アルク
緒方富雄（校註）（1983）『岩波クラシックス28　蘭学事始』岩波書店
假名垣魯文（1965）「牛店雑談　安愚楽鍋」『明治文学全集1　明治開化期文學集（1）』139，筑摩書房
川澄哲夫編，鈴木孝夫監修（1978）『資料日本英学史2　英語教育論争史』516，大修館書店

参考文献

川澄哲夫編,鈴木孝夫監修(1988)『資料日本英学史①上　英学ことはじめ』264,大修館書店
喜多壮一郎監修,麹町幸二編(1930)『モダン用語辞典』実業之日本社
国立国語研究所(1984)『日本語教育指導参考書12　語彙の研究と教育　上』大蔵省印刷局
古茂田信男・島田芳文・矢沢寛・横沢千秋編(1995)『新版日本流行歌史　中』社会思想社
後藤正次(1991)『日本英語教育史研究序説』511-518,532,山口書店
斎藤静(1967)『日本に及ぼしたオランダ語の影響』篠崎書林
斎藤兆史(2007)『日本人と英語―もうひとつの英語百年史』研究社
酒寄雅志監修,小西聖一(2004)『NHK にんげん日本史「杉田玄白」』71,理論社
清水康行(2013)『そうだったんだ！　日本語　黒船来航　日本語が動く』42-44,岩波書店
謝信之(2002)『国際発音記号表記　中国語漢字音辞典』いるか出版
陣内正敬(2007)『外来語の社会言語学―日本語のグローカルな考え方』153-157,世界思想社
鈴木孝夫(1990)『日本語と外国語』204,岩波書店
惣郷正明・飛田良文(1986)『明治のことば辞典』東京堂出版
高橋晴子(2007)『近代日本の身装文化』三元社
チェンバレン,B. H. 著,高橋健吉訳(1969)『日本事物誌Ⅰ』170-173,平凡社
津田幸男(2006)『英語支配とことばの平等』慶應義塾大学出版会
鳥飼久美子(2011)「英語　愛憎の二百年」『NHK テレビテキスト　知楽遊学シリーズ　歴史は眠らない』2・3月号
日本語教育学会編(2005)『新版　日本語教育事典』大修館書店
野上毅(1989)『朝日百科7　日本の歴史』朝日新聞社
芳賀登・石川寛子監修(1997)『全集日本の食文化8　異文化の接触と受容』雄山閣出版
パッシン,H. 著,徳岡孝夫訳(1982)『英語化する社会』3,187,サイマル出版
フィリプソン,R. 著,平田雅博ほか訳(2013)『言語帝国主義　英語支配と英語教育』7-40,三元社
藤野彰(2011)「中国人名の現地読み―メディアの現状と課題」『東方』366,2-6
御堂岡潔(1997)「マス・コミュニケーション」『異文化コミュニケーション・ハンドブック』79-80,有斐閣
望月真澄(1982)「中国の言語と文字」諸橋轍次ほか『広漢和辞典　索引』大修館書店
矢崎源九郎(1964)『日本の外来語』岩波書店
吉沢典男・石綿敏雄(1979)『外来語の語源』4-12,角川書店
米川明彦(1998)『叢書・ことばの世界　新語と流行語』南雲堂
和田博文ほか(2009)『言語都市・ロンドン 1861-1995』12-18,藤原書店
「NHK 出版 80 周年記念　語学講座の歩み」(https://www.nhk-books.co.jp/recommend/80-02anni/gogaku/30.html).(2013 年 11 月 7 日取得)
サーラ,S. 著,岩村偉史訳「日独交流 150 年の歴史」ドイツ連邦共和国大使館・領事館(http://www.japan.diplo.de/Vertretung/japan/ja/04-deutschland-und-japan/042-dj150/0-geschichte.html).(2013 年 11 月 17 日取得)

第 3 章

Cannon, G. (1981) "Japanese borrowings in English", *American Speech*, **56**：190-206.
Cannon, G. (1994) "Recent Japanese borrowings into English", *American Speech*, **69**：373-397.
Cannon, G. & Warren, N. (1996) *The Japanese Contributions to the English Language：An historical Dictionary*, Harrassowitz.

Evans, T. M. (1997) *A Dictionary of Japanese Loanwords*, Greenwood Press.
Gatenby, E. V. (1931) "The influence of Japanese on English"『英文学研究』**11**(4)：508-520
Gatenby, E. V. (1934) "Additions to Japanese words in English"『英文学研究』**14**(4)：595-609
Nakajima, K. (1942) "Japanese words in English and American Dictionaries"『英文学研究』**21**(4)：536-577
井上史雄（1993）「ことばの知的価値と情的価値」『月刊言語』12月号
井上史雄（1995）「日本語の国際化と沖縄の言語状況」『新プロ「日本語」総括班　第一回研究報告会予稿集』国立国語研究所
井上史雄（2010）「Googleマップで見る関西弁の世界進出」(http://dictionary.sanseido-publ.co.jp/wp/2010/11/27)
井上史雄（2011）「Google言語地理学入門」『明海日本語』16号：43-52
井上史雄（2012a）「日本語世界進出のグーグル言語学―グーグルインサイトにみる外行語総合分布」『明海日本語』17号：29-42
井上史雄（2012b）「日本語の世界進出―グーグルでみる外行語」『外来語研究の新展開』おうふう
内山純蔵監修，中井精一・ロング，D. 編（2011）『世界の言語景観　日本の言語景観―景色のなかのことば―』桂書房
エバンス・M・年恵（1990）『英語になった日本語―ことばに見るアメリカ最新事情』ジャパンタイムズ
汪　婷（2010）「中国における外来語の受容―「外来文化の受容と変容」研究の一環として」『鈴鹿国際大学紀要』16号：101-116
太田正雄（1938）「銀杏とGinkgo」『學燈』1月号，13-14
厳　萍（2007）「現代漢語における外来語の借用―文化的視点から―」『愛知淑徳大学論集―コミュニケーション学部・コミュニケーション研究科―』7号：153-162
江　源（2009）「言語景観研究の現状について」『明海日本語』14号：67-75
蒋垂東（2002）「日本語を記載する『倭情考略』『籌海重編』」『文教大学文学部紀要』16号(1)：27-41
庄司博史・クルマス，F.・バックハウス，P.（2009）『日本の言語景観』三元社
沈国威（1993）「『新爾雅』とその語彙について」『文林』27号：53-85
沈国威（2008）『近代日中語彙交流史』笠間書院
新村出（1925）「ゲーテが寄銀杏葉の詩」『饗宴』1：1-9（『新村出全集11』筑摩書房（1971））
陳生保（1996）「中国語の中の日本語」日文研フォーラム第91回講演（http://www.nichibun.ac.jp/graphicversion/dbase/forum/text/fn091.html に所収）
東京成徳英語研究会編（2004）『OEDの日本語378』論創社
早川勇（2003）『英語のなかの日本語語彙―英語と日本文化との出会い―』辞游社
早川勇（2006）『英語になった日本語』春風社
原口庄輔・原口友子編訳（1998）『新「国際日本語」講座―英語辞書の中の日本文化』洋販出版
春山行夫（1963）「海外辞典の日本語」『言語生活』**138**：54-56
本間勇介（2011）「コリアンタウンの多文字化・多言語状況」『明海日本語』16号：63-69
三輪卓爾（1959）「日本語の洋行」『言語生活』**93**：56-57
三輪卓爾（1970a）「旧姓・日本語　西欧語における日本語由来の借用語（一）」『言語生活』**220**：78-87

三輪卓爾（1970b）「旧姓・日本語　西欧語における日本語由来の借用語（二）」『言語生活』**221**：78-87
三輪卓爾（1970c）「旧姓・日本語　西欧語における日本語由来の借用語（三）」『言語生活』**222**：76-87
三輪卓爾（1977）「外行語の昨日と今日―海を渡った日本語―」『言語生活』**312**：49-57
若林忠司（1983）『英語の中に定着した日本語』北国出版社

高名凱・刘正埮（1958）『现代汉语外来词研究』文字改革出版社【高名凱・劉正埮『現代漢語外来詞研究』】
高名凱・刘正埮・麦永乾・史有为（1984）『汉语外来词词典』上海辞书出版社【高名凱・劉正埮・麦永乾・史有為『漢語外来詞典』】
史有为（2013）『汉语外来词（增订本）』商务印书馆【史有為『漢語外来詞（増訂本）』】
孙常叙（1957）『汉语词汇』吉林人民出版社【孫常叙『漢語詞彙』】
谯　燕・徐一平・施建军编著（2011）『日源新词研究』学苑出版社【譙　燕・徐一平・施建軍編著『日源新詞研究』】
王彬彬（1998）http://www.zhaojun.com/youci/riyu.htm より抄出．中国語原文は「現代汉语中的"外来语"問題」『上海文学』随筆精品2・守望灵魂に所載

（参考資料）
A Standard Dictionary of the English Language（1893-1895 初版，1913 第2版 Funk & Wagnalls より出版）
Serjeantson, M. S.（1935）*A History of Foreign Words in English*, K. Paul, Trench, Trubner & Co., ltd.
Fennell, C. A. M.（1892）*The Stanford Dictionary of Anglicided Words and Phrases*, Cambridge University Press.
Murray, J. A. H.（1884-1933）*The Oxford English Dictionary* 第1版，Clarendon Press.
何如璋（1877）『使東述略并雑詠』
羅大経（1252 成立）『鶴林玉露』
汪栄宝・葉　瀾編（1903）『新爾雅』上海民権社発行

第4章

相澤正夫（2008）「「福祉言語学」事始」『日本語科学』**23**：111-123
秋元美晴（2002）『よくわかる語彙　日本語教育能力検定試験対応』アルク
石野博史（1977）「外来語の問題」大野晋・柴田武編『岩波講座日本語3　国語国字問題』199-229，岩波書店
石野博史（1983）『現代外来語考』大修館書店
石綿敏雄（1971）「現代の語彙」阪倉篤義ほか『講座国語史3　語彙史』大修館書店
石綿敏雄（1982）「現代生活の語彙量」佐藤喜代治編『講座日本語の語彙7　現代の語彙』111-132，明治書院
石綿敏雄（2001）『外来語の総合的研究』東京堂出版
楳垣実（1963）『日本外来語の研究　改訂第3版』研究社
沖森卓也・木村義之・陳力衛・山本真悟（2006）『図解日本語』三省堂
小椋秀樹（2006）「形態論情報」『国立国語研究所報告124　日本語話し言葉コーパスの構築法』133-186
小椋秀樹（2007）「『日本語話し言葉コーパス』の語種構造」『話し言葉コーパスに基づく言語変異現象の定量的分析』平成16-18年度文部科学省科学研究費補助金（基盤研究（B））

参考文献

研究成果報告書（課題番号 16320060）179-191

小椋秀樹・冨士池優美（2011）「『現代日本語書き言葉均衡コーパス』利用の手引き第 1.0 版　第 4 章　形態論情報」（http://www.ninjal.ac.jp/corpus_center/bccwj/doc/manual/BCWJ_Manual_04.pdf）

甲斐睦朗（2001）「外来語と国語施策」『SCIENCE OF HUMANITY BENSEI ［人文学と情報処理］』**33**：50-54

樺島忠夫（1981）『日本語はどう変わるか―語彙と文字―』岩波書店

樺島忠夫（2004）『日本語探検　過去から未来へ』角川書店

金愛蘭（2006）「外来語「トラブル」の基本語化」『日本語の研究』**2**(2)：18-33

金愛蘭（2011）『阪大日本語研究別冊 3　20 世紀後半の新聞語彙における外来語の基本語化』13-15

国語審議会（2000）「国際社会に対応する日本語の在り方（答申）」

国立国語研究所（1964）『現代雑誌九十種の用語用字　第三分冊　分析』秀英出版

国立国語研究所（1995）『テレビ放送の語彙調査 1―方法・標本一覧・分析―』秀英出版

国立国語研究所（2004a）『外来語に関する意識調査（全国調査）』国立国語研究所

国立国語研究所（2004b）『行政情報を分かりやすく伝える言葉遣いの工夫に関する意識調査（自治体調査）』国立国語研究所

国立国語研究所（2005a）『外来語に関する意識調査Ⅱ（全国調査）』国立国語研究所

国立国語研究所（2005b）『現代雑誌の語彙調査― 1994 年発行 70 誌―』国立国語研究所

国立国語研究所（2006）『新「ことば」シリーズ 19　外来語と現代社会』国立印刷局

国立国語研究所（2009）『ことばに関する新聞記事画像データベース』日本データベース開発（http://www.ninjal.ac.jp/archives/sinbundb/）

国立国語研究所「外来語」委員会編（2006）『分かりやすく伝える　外来語言い換え手引き』ぎょうせい

阪倉篤義（1971）「語彙史の方法」阪倉篤義ほか『講座国語史 3　語彙史』3-28，大修館書店

阪倉篤義ほか（1971）『講座国語史 3　語彙史』大修館書店

坂本充（2002a）「わかりにくいのに使われる外来語～放送と外来語全国調査 (1) ～」『放送研究と調査』2002/8：88-109

坂本充（2002b）「わかりにくいのに使われる外来語～放送と外来語全国調査 (2) ～」『放送研究と調査』2002/9：28-49

佐竹秀雄（2002）「新聞の生活家庭面における外来語」『日本語学と言語学』198-207，明治書院

佐藤喜代治編（1982）『講座日本語の語彙 7　現代の語彙』明治書院

陣内正敬（2003）「外来語の課題と将来像」『日本語学』7 月号，12-18

陣内正敬（2007）『外来語の社会言語学　日本語のグローカルな考え方』世界思想社

杉並区役所区長室総務課（2005）『外来語・役所ことば言い換え帳』ぎょうせい

関根健一（2012）「新聞の外来語はどのように生まれるか」陣内正敬・田中牧郎・相澤正夫編著『外来語研究の新展開』168-184，おうふう

田中牧郎（2006）「現代社会における外来語の実態」国立国語研究所『新「ことば」シリーズ 19　外来語と現代社会』38-46，国立印刷局

田中牧郎（2012）「国語教育における外来語―コーパスによる類型化を通して―」陣内正敬・田中牧郎・相澤正夫編著『外来語研究の新展開』224-242，おうふう

徳川宗賢（1999）「ウェルフェア・リングイスティクスの出発」（対話者：ネウストプニー, J. W.）『社会言語科学会ニュースレター』**24**

中山惠利子（2003）「介護現場のカタカナ語」『日本語科学』**13**，58-78

野村雅昭（1977）「造語法」大野晋・柴田武編『岩波講座日本語9　語彙と意味』245-284，岩波書店

野村雅昭（1984）「語種と造語力」『日本語学』9月号，40-54

野村雅昭（2004）「漢字に未来はあるか」前田富祺・野村雅昭編『朝倉漢字講座5　漢字の未来』221-240，朝倉書店

橋本和佳（2010）『現代日本語における外来語の量的推移に関する研究』ひつじ書房

林　大監修（1982）『図説日本語』角川書店

飛田良文・佐藤武義編（2002）『現代日本語講座4　語彙』明治書院

文化庁（1997）『新「ことば」シリーズ6　言葉に関する問答集―外来語編―』大蔵省印刷局

文化庁（1998）『新「ことば」シリーズ8　言葉に関する問答集―外来語編（2）―』大蔵省印刷局

文化庁文化部国語課（1995-2012）『平成7～24年度国語に関する世論調査』大蔵省印刷局/財務省印刷局/国立印刷局/ぎょうせい

宮地裕（1977）「現代語彙の構成」『國語國文』**46**(5)：370-380

宮島達夫（1967）「現代語いの形成」『ことばの研究』1-50，国立国語研究所

宮島達夫（1980）「意味分野と語種」『国立国語研究所報告65　研究報告集2』1-16

宮島達夫（2008）「語彙史の比較（1）―日本語（雑誌90種と70誌）」『京都橘大学研究紀要35』79-98

最上勝也（1984）「お役所は外来語がお好き？」『放送研究と調査』8月号，20-31

山田雄一郎（2005）『外来語の社会学　隠語化するコミュニケーション』春風社

和辻哲郎（1962）『和辻哲郎全集4』岩波書店

(資料)

国立国語研究所ホームページ「写真で見る国立国語研究所の歴史」(http://www.ninjal.ac.jp/info/aboutus/photo/annai.html)

国立国語研究所ホームページ「日本語話し言葉コーパスCSJ」(http://www.ninjal.ac.jp/corpus_center/csj/)

国立国語研究所ホームページ「現代日本語書き言葉均衡コーパスBCCWJ」(http://www.ninjal.ac.jp/corpus_center/bccwj/)

国立国語研究所ホームページ「外来語言い換え提案「外来語」にかかわる調査」自治体，省庁アンケート (http://www.ninjal.ac.jp/gairaigo/enq/index.html)

文部科学省ホームページ「外来語の表記（答申）（抄）」(http://www.mext.go.jp/b_menu/hakusho/nc/t19910207001/t19910207001.html)

読売新聞社（2003）「読売全国世論調査」(http://www.yomiuri.co.jp/feature/fe6100/nenji2003.htm)

厚生省(1997)「厚生省作成文書におけるカタカナ語使用の適正化について」(総第89号)(http://wwwhourei.mhlw.go.jp/cgi-bin/t_docframe2.cgi?MODE=tsuchi&DMODE=SEARCH&SMODE=NORMAL&KEYWORD=%83j&EFSNO=53&FILE=FIRST&POS=0&HITSU=3)

索　引

あ　行

アイスランド語　16, 31
アイヌ語　58
『安愚楽鍋』　52
新井白石　39, 48
荒川惣兵衛　65
アルタイ諸語　4
アルファベット表記語　109
アルファベット略語　108

言い換え　58, 130
言い換え語　18, 128, 130
言い換え提案　17, 66, 131
イエズス会　44
域内共通語　70
イギリス東インド会社　46
意識調査　107
イタリア語　58
一般語　117
井上史雄　102
意味の分かりにくさ　106
意味分類　137
意訳　26, 96
医療用語　57
隠語　69, 114
インスタント　71
インターネット　63
インド・ゲルマン語　3
隠喩　94

ウェルフェア・リングイスティクス　143

楳垣実　65

英学　52
英語　15, 23, 31, 49, 60, 74, 78
『英語会話』　61
英語教育　60, 68
英語教育番組　70
英語至上主義　67
英語表記　59
英語優位　71
エバンス・M・年恵　77

汪婷　101
王彬彬　101
欧文直訳体　30
オーストロネシア語族　2
お雇い外国人　51
オランダ語　47
オランダ通詞　49
オランダ東インド会社　46
『和蘭話訳』　47
音形兼借　96, 99
音訳　26, 45, 54, 94
音訳借用語　94
音読み　9, 97

か　行

下位語　141
外行語　29, 75
外国語　12, 50, 74, 106
外国人居留地　50
外来語　2, 21, 33, 75, 106
　──の言い換え提案　66
　──の二大問題　112
　──の分類　12
「外来語」言い換え提案　17, 66, 131
「外来語」委員会　129
外来語定着度調査　17
「外来語の表記」　14, 36, 64
「外来語の表記」（答申）　14, 127
外来語批判　126
外来詞　95, 96
カキカエ　133
『蝸牛考』　7
拡大（意味の）　29, 68, 94, 141
河川図式　5
下層語　8
カタカナ語　21, 61, 98, 110
カタカナ語職名　64
仮名垣魯文　52
漢語　9, 11, 21, 34, 47, 114
　──の造語成分　27
官公庁　116
『漢語外来詞詞典』　27, 95, 97
韓国語　9, 23, 28, 105
漢字　9, 34, 72, 94
漢字詞　98
漢字文化圏　9
漢文　9
漢文訓読　9
漢文訓読体　30
漢訳洋書　47
換喩　94

帰化語　12

企業スローガン　63
基層語　8
基本語　141
基本語彙　138
基本語化　141
共時的　2
キリシタン　45

駆除　31
グルメブーム　71
クレオール　8
訓読み　9

「景観言語研究」　104
形式的借用　28
系統樹　3
原音　34, 72
原音読み　72
原語　14, 72, 95, 114
言語景観　61, 104
言語経済力　102
言語圏　8
言語交替　8
言語生活　107
言語政策　107
言語接触　6
言語体系　89, 107
言語地理学　103
言語帝国主義　67
言語年代学　2
言語の置き換え　8
言語連合　8
現代日本語　101, 107
厳萍　102
言文一致体　31
ケンペル　57, 80, 89

公共外来語　116
公共性　116
高名凱　100

高齢者　63
国語化　11, 65
国語審議会　17, 107
国際化　60, 127
「国際社会に対応する日本語の在り方」　17, 127
国際日本語　76
国立国語研究所　17, 117
国立国語研究所「外来語」委員会　17, 108, 129
語形成　25, 92
語種　21, 34, 136
語種比率　22, 116
異なり語数　22, 117
言葉狩り　130
言葉遣い　133
コーパス　117
固有語　21
混交　6
混種語　21, 69, 136
混成言語　8
混成語　92

さ 行

自粛　142
自然淘汰　31, 128
シーボルト　57
借音　96, 99
借詞　95
借用　1, 33
借用語　2, 33, 74, 107
　　──と外来語　2, 16
史有為　95, 100
修好通商条約　50
周知度　131
周辺語　142
樹幹図式　4
縮小（意味の）　29, 43, 93
縮約形　91

出現率　122
出自　21, 34, 107
シュライヒャー，アウグスト　3
上位語　141
譙燕　101
商業外来語　116
使用実態　112
上層語　8
省庁　121
情報伝達　128
使用率　17, 108
殖産興業　51
資料の借用　28
新漢語　9, 27
新語　45, 97, 114
沈国威　100
『新爾雅』　98
身体語彙　1
新村出　90

杉田玄白　47
ストリートビュー　104
スペイン語　28, 46
スペリング　89
スポーツ用語　55
棲み分け　6
スワデシュ，モリス　2
スワヒリ語　32

生活外来語　116
性差　134
『醒睡笑』　20
西洋文化模倣　55
世代間格差　106, 111, 134
宣教師　45
専門外来語　115
占領下　60

造語　9, 25, 69, 92, 96, 114

索　引

造語法　13, 92
祖語　3

た行

大航海時代　44
第二の開国期　65
代用語　26
台湾　104
単純借形　97, 99

知的価値　102
地方自治体　129
中間言語　8
中国語　9, 11, 23, 34, 73, 94
注釈　18, 128
長音符　48
朝鮮語　9, 11, 72
陳生保　98

通時的　2
津田幸男　67

定着度　17, 107
敵性語　58

ドイツ語　29, 56, 70
同音衝突　14, 41
同化　15
時枝誠記　3
トニーグリッシュ　62
取り替え　6

な行

夏目漱石　51

二言語併用　8
西周　98
日英複合語　93

『日米会話手帳』　61
日清戦争　98
『日葡辞書』　78
日本語化　12, 40, 68
日本語借用語　74, 77, 94
日本語の起源　5
日本字音読み　72
認知率　17, 108

延べ語数　23, 117

は行

媒体　117
配慮　127
舶来物　54
バスク語　29
派生語　92
パッシン, ハーバート　66
バブル経済期　66
波紋説　6
早川勇　80
原口庄輔　76
半借音半借義　96

比較言語学　3
ピジン　8
ビートルズ　62
表音文字　24, 96
品詞転成　91

フィリピノ語　29
複合語　93
福沢諭吉　98
福祉言語学　143
普通文　31
不特定多数　120
フランス　31
フランス語　23, 56
フランス料理　56

文化庁　18, 107
文明開化　54

米国製テレビ映画　62
ベトナム語　9, 29
ヘボン式ローマ字　89

方言周圏論　7
報道機関　116
ポルトガル語　44
翻訳語　26, 84
翻訳借用語　90
翻訳調文体　30
本来語　16, 103
本来語化　15

ま行

前野良沢　47
マレー語　28
万葉仮名　9

見出し　106
三輪卓爾　75
民間語源説　29

モダン時代　55
森有礼　51

や行

訳語　26
柳田国男　7
山田孝雄　12

洋学所　50
用語適正化委員会　66, 129

ら行

蘭学　47
『蘭学事始』　48
乱用　64, 106

理解率　17, 108
略語　25, 111
劉正埮　100
量的調査　107
量の多さ　106

類義語　115

鹿鳴館　54
ロシア語　58

わ行

和語　10, 21, 33, 114
和製英語　26, 67
和製外来語　26, 107, 115
和製漢語　20, 26, 99
和製語　24
和製ポップス　63

欧文

ABC略語　41, 69

Cannon, G.　82
　——の細目分類
　——の大区分
CM　118
Evans, T. M.　82
Gatenby, E. V.　82
GHQ　60
Googleインサイト　103
Googleマップ　103
OED　79
Serjeantson, M. S.　80
3C　62

編著者略歴

沖森 卓也（おき もり たく や）

1952年　三重県に生まれる
1977年　東京大学大学院人文科学研究科
　　　　国語国文学専門課程修士課程修了
現　在　立教大学文学部教授
　　　　博士（文学）

阿久津 智（あくつ さとる）

1960年　群馬県に生まれる
1987年　立教大学大学院文学研究科
　　　　日本文学専攻博士前期課程修了
現　在　拓殖大学外国語学部教授

日本語ライブラリー
ことばの借用　　　　　　　　　　定価はカバーに表示

2015年2月20日　初版第1刷

　　　　　編著者　沖　森　卓　也
　　　　　　　　　阿　久　津　　　智
　　　　　発行者　朝　倉　邦　造
　　　　　発行所　株式会社　朝　倉　書　店
　　　　　　　　　東京都新宿区新小川町6-29
　　　　　　　　　郵便番号　162-8707
　　　　　　　　　電　話　03（3260）0141
　　　　　　　　　FAX　03（3260）0180
〈検印省略〉　　　　　http://www.asakura.co.jp

Ⓒ 2015〈無断複写・転載を禁ず〉　　　教文堂・渡辺製本

ISBN 978-4-254-51613-5　C 3381　　Printed in Japan

JCOPY　〈(社)出版者著作権管理機構 委託出版物〉

本書の無断複写は著作権法上での例外を除き禁じられています．複写される場合は，そのつど事前に，(社)出版者著作権管理機構（電話 03-3513-6969, FAX 03-3513-6979, e-mail: info@jcopy.or.jp）の許諾を得てください．

日本語大事典

AN ENCYCLOPAEDIA OF JAPANESE LANGUAGE

●編集代表● 佐藤武義　前田富祺

- 今世紀最大、日本語学・言語学を集大成した大事典
- 本邦初、全項目に英文を付記
- 執筆者約六〇〇名、全三五〇〇項目
- 五十音順配列、巻末に各種付録を掲載（日本語関係年表、古典文献目録、和英対照表など）
- 学生や専門家のみならず、日本語を学ぶ外国人、日本語に関心をもつ一般の人たちに日本語のおもしろさや奥深さを伝える必読書

創業85周年記念出版

B5判
2,456頁（2分冊）
刊行記念特価
（65,000円＋税）
［2015年4月末まで］
2015年5月以降
定価（75,000円＋税）
ISBN978-4-254-51034-8 C3581

日本語ライブラリー ［気軽に読める・誰にでも親しめる！新しい日本語学］

■中国語と日本語

日本語と中国語を比較対照し，特徴を探る。〔内容〕代名詞／動詞・形容詞／数量詞／主語・述語／アスペクトとテンス／態／比較文／モダリティー／共起／敬語／日中同形語／親族語彙／擬声／擬音語・擬態語／ことわざ・慣用句／漢字の数

沖森卓也・蘇 紅 編著
A5／160ページ
ISBN978-4-254-51611-1
定価（本体2,600円＋税）

■韓国語と日本語

日韓対照研究により両者の特徴を再発見。韓国語運用能力向上にも最適。〔内容〕代名詞／活用／助詞／用言／モダリティーとテンス／ボイス／アスペクトとテンス／副詞／共起関係／敬語／漢語／親族語彙／類義語／擬声・擬態語／漢字音／身体言語

沖森卓也・曺 喜澈 編著
A5／168ページ
ISBN978-4-254-51612-8
定価（本体2,600円＋税）